과학사를 알면 과학이 재밌어!
❸ 발명의 시대

1판 1쇄 인쇄 2025년 10월 27일 | 1판 1쇄 발행 2025년 11월 15일

글 김성화 권수진 | 그림 조승연 | 발행처 와이즈만 BOOKs | 발행인 염만숙
출판사업본부장 김현정 | 편집 김예지 양다운 이지웅
기획·책임편집 임형진 | 디자인 권석연 | 마케팅 강윤현 백미영 장하라

출판등록 1998년 7월 23일 제1998-000170 | 제조국 대한민국
주소 서울특별시 서초구 남부순환로 2219 나노빌딩 5층
전화 마케팅 02-2033-8987 편집 02-2033-8983 | 팩스 02-3474-1411
전자우편 books@askwhy.co.kr | 홈페이지 mindalive.co.kr | 사용연령 8세 이상
ISBN 979-11-92936-66-6 74300 979-11-92936-63-5(세트)

© 2025, 김성화 권수진 조승연 임형진
이 책의 저작권은 김성화, 권수진, 조승연, 임형진에게 있습니다.
저자와 출판사의 허락 없이 내용의 일부를 인용하거나 발췌하는 것을 금합니다.
잘못된 책은 구입처에서 바꿔 드립니다.

와이즈만 BOOKs는 (주)창의와탐구의 출판 브랜드입니다.
KC마크는 이 제품이 공통안전기준에 적합하였음을 의미합니다.

김성화·권수진 글 × 조승연 그림

③ 발명의 시대

1800년-1879년

여기에 '무언가'가 있어!

와이즈만 BOOKs

1800년부터

01 개구리 전지 vs 볼타 전지 ___007

02 원소를 발견하는 신박한 방법 ___027

03 알루미늄이 금보다 비쌌던 시절 ___046

04 각하, 전기로 세금을 매길 수 있습니다! ___060

05 발명의 시대 ___075

06 에너지는 공짜가 없다 ___094

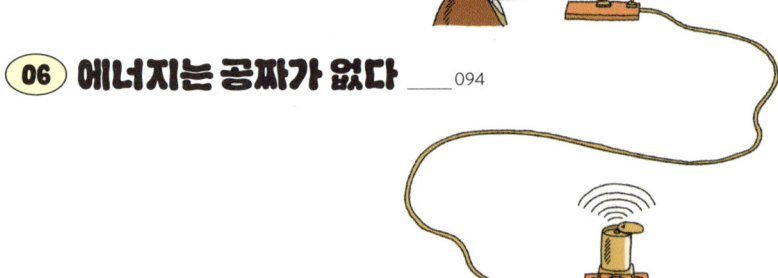

1879년까지

- **07** 고생물학이 탄생하다 ___112
- **08** 다윈의 할아버지는 원숭이? ___123
- **09** 생물은 저절로 생겨나지 않는다 ___141
- **10** 유전의 법칙을 발견한 수도사, 멘델 ___154
- **11** 세균을 의심하다 ___170
- **12** 멘델레예프가 만든 원소의 왕국 ___192

개구리 전지 vs 볼타 전지

전기 연구는 정말 멋져!
우르릉 쾅쾅 번쩍번쩍 찌릿찌릿.

처음으로 전기를 연구했던 과학자들은
재밌고 신났을 거야.
가끔 위험천만할 때도 있었지만 말이야.

1700년대의 뒤를 이어 1800년대에도
과학자들은 전기 연구에 몰두했어.
그런데도 과학자들은
아직도 전기가 무엇인지는 몰랐어.

전기의 정체를 두고
의견이 분분하기도 했어.

과학자들은 전기가 무엇인지 모른 채
실험을 하고 전기를 유리병에 모았어.

하늘의 무시무시한 번개가
전기 현상이라는 것도 알게 되었어.

하지만 여전히
사실과 환상이 뒤죽박죽.

과학자들은 이제 막
전기의 강력하고 놀라운 힘을
깨달아 가는 중이야.
자연 속에 숨어 있던 전기를 찾아낸 지
아직 얼마 되지 않았고

장차 과학자들이 전기의 놀라운 힘을 이용해
세상을 어떻게 바꾸어 가게 될지
꿈에도 몰랐을 때야.

때는 1791년,
이탈리아 볼로냐 대학의 교수이자 의사가 쓴
얇은 책 한 권이 세상에 나와.

이제까지 본 적 없는
신기한 전기 현상에 관한
놀라운 논문

과학자들이 이때까지 전기를 얻는 방법은
딱 하나뿐이었어.
바로 고양이 털을 세게 문지르는 것!

무언가에 무언가를 문지를 때

전기가 생겨.

금속으로 된 문고리를 만질 때도
전기가 생겨.
그런 전기를 마찰 전기라고 해.

번개도 구름 속 수증기와 얼음 알갱이들 사이에
마찰로 생겨난 마찰 전기야.
그런데 이탈리아의 어느 의사가
마찰이 눈곱만큼도 일어나지 않았는데도
전기가 생겨나는 현상을 발견했어.

루이지 알로이시오 갈바니
이탈리아 볼로냐 대학의
해부학 교수이자 의사

갈바니는 물리학을 좋아하고
전기 장치로 실험하기를 좋아했어.
그러다가 그 유명한
개구리 뒷다리 실험을 하게 되었는데

← 과학의 역사상 가장 유명한 개구리

처음엔 부인의 이야기를 듣고
관심을 갖게 되었다고 전해져.

개구리 스프를 만들려고 개구리 다리를 손질하고 있었다니까.

갈바니 부인은
갈바니의 서재이자 갈바니가 학생들을 가르치기도 하는
집 안의 실험실 한쪽에서 칼을 들고
개구리 다리를 손질하고 있었어.

실험실 한쪽에서는
몇몇 제자들이 갈바니를 기다리며
쇠공을 문질러 정전기 발생기로
전기 불꽃을 만들고 있었고.
그런데 갑자기
개구리 다리가 움찔움찔하는 거야.

부인은 이 현상을 그냥 지나치지 않고
갈바니에게 이야기했고
갈바니는 개구리 다리에 생긴
전기에 관심을 가지고

몇 년 동안 실험에 몰두해.
금속판에 개구리 뒷다리를 올리고

개구리 다리와 허리에
핀셋을 갖다 대 보았어.
개구리 다리가 움찔움찔.
정말로 전기가 흘렀어!

갈바니는 동물의 몸속에
전기가 있다고 추측했어.

갈바니는 개구리 다리를 쇠고리에 꿰어
금속으로 된 난간에 걸어 두었어.

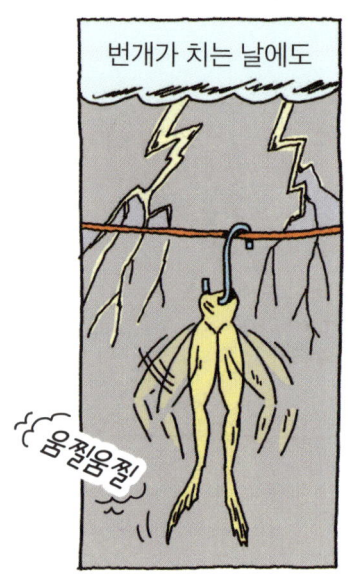

주변에 전기가 있거나 없거나
상관없었어.

이웃 도시에 사는 갈바니의 친구 볼타가
이 연구에 대해 듣고 감명을 받았어.

볼타는 전기에 관심이 많았고
전기가 어떻게 생기는지 알고 싶었어.

볼타는 갈바니의 연구를 따라
실험을 해 보았는데
실험을 거듭하다 차츰 의심하게 되었어.

볼타는 2개의 서로 다른 금속 사이에
전기가 흘렀다고 추측했어.

개구리 등에 핀셋을 대고
다리에 동전을 대 보았어.

개구리 등에 동전을 대고
다리에 열쇠를 대 보았어.

개구리 다리가 움찔움찔.
하지만 같은 금속을 접촉하면
움직이지 않았어.

볼타는 서로 다른 금속 사이에
전기가 생기는 게 틀림없다고 확신했어.
볼타는 갈바니가 틀렸다고 주장했고
갈바니도 지지 않고 반격했어.

갈바니와 볼타는 오랫동안 싸웠어.
갈바니는 개구리가 전기를 만들고
그 전기가 금속을 통해 흐른다고 주장했어.
볼타는 서로 다른 금속이 전기를 만들고
그 전기가 개구리 몸속을 흐른다고 주장했어.

갈바니는 굽히지 않고
동물 전기를 확신하며 실험을 계속했어.

볼타는 금속 전기를 확신하며
실험을 계속했어.
한번은 2개의 다른 금속을
자기 혓바닥에 대 보았어.
납작한 구리 원반과 아연 원반을 만들어.

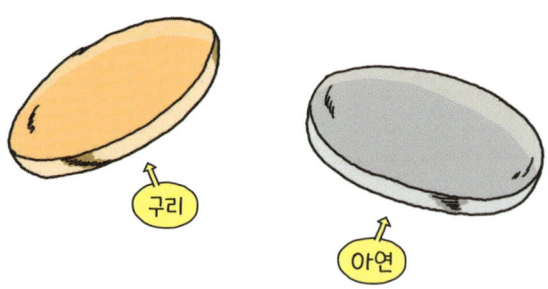

하나는 혓바닥 위쪽에
하나는 혓바닥 아래쪽에 대고
동시에 눌러 보았어.

세계 최초의 전지를 향한
아이디어가 탄생하는 순간이었으니….

볼타는 두 금속 사이에
침이나 물, 소금물이 있으면
전기가 잘 생긴다는 것을 알게 되었어.
볼타는 구리판과 아연판 사이사이에
소금물에 적신 마분지를 넣고
켜켜이 쌓았어.

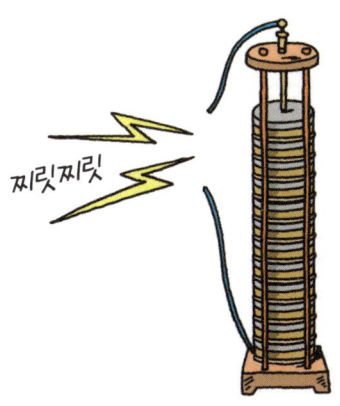

전기가 흘러!

1800년,
세계 최초의 전지, 최초의 배터리가 탄생했어.
물론 그때는 배터리라는 말이 없었고
볼타는 자신의 발명품을 그냥 더미라 불렀어.

고양이 털이나 호박을
문질러 생겨난 전기는
금세 사라져 버리고

전기를 모으는
라이덴병은
전기를 한 방에
방출해 버리지만

전지에서 생겨난 전기는
금속선을 따라 계속 계속 흘러.
볼타는 전기가 마치 강물처럼 흐른다고
'전류'라고 불렀어.

구리판과 아연판을 더 더 높이 쌓으면

전류를 더 세게 흐르게 할 수 있어.
이제 전지를 이용해 언제 어디서나
전기를 만들게 되었어.

볼타의 전지는 금세 유명해졌고
프랑스의 나폴레옹 황제가 그 공로를 인정해
볼타에게 훈장을 수여했어.

훗날 과학자들은 볼타를 기려
전압을 나타내는 단위에
'볼트'라고 이름을 붙였어.

볼타의 전지는
오늘날 생필품이 되었어.

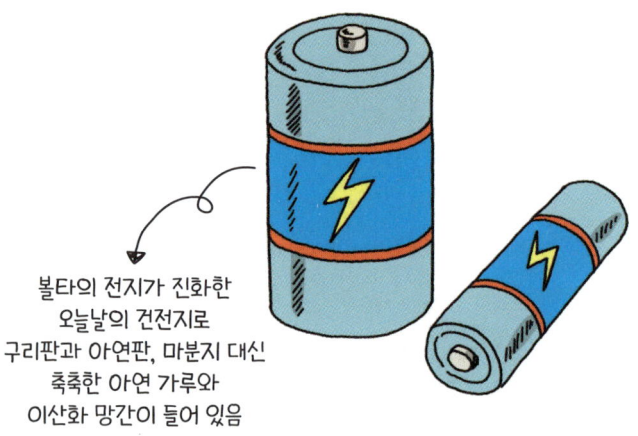

볼타의 전지가 진화한
오늘날의 건전지로
구리판과 아연판, 마분지 대신
축축한 아연 가루와
이산화 망간이 들어 있음

전지가 발명되어
과학자들은 전기를 마음대로 켜고 끄고
전기를 계속 흐르게 하며 실험할 수 있었고
점점 더 깊이 전기의 비밀을 알게 되었어.

그런데 갈바니와 볼타 중에
누가 옳았을까?
둘 다 옳아!

갈바니의 말대로
훗날 정말로 동물의 몸속에
전기가 흐른다는 것이 밝혀져.
세포 하나하나가
초초초…초미니 전지와 같아서
신경을 따라 전기가 흘러!

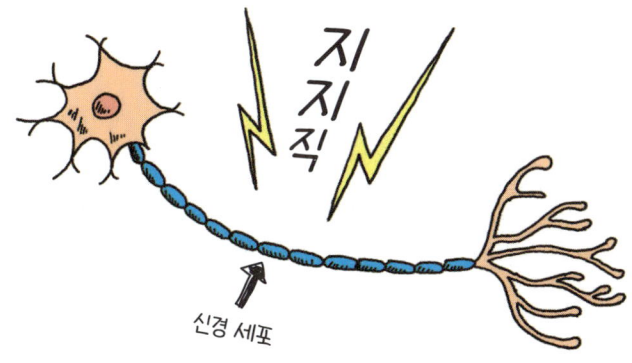

신경 세포

훗날
전기의 정체가 밝혀진 다음에야 알게 돼.

마찰 전기도

동물 전기도

금속 전기도

모두 모두 같은 전기야!
무언가가 움직여서
전기가 생겨!
뭘까?

 원소를 발견하는 신박한 방법

지금은 아무도 전기를 보고
놀라지 않지만

1800년대는
누구나 전기의 힘에 감탄하던 시절이야.
전기를 통하면 죽은 사람도
눈을 뜰 거라 믿기도 했어.
1818년에 영국의 작가 메리 셸리는
소설 속 인물인 프랑켄슈타인 박사를 통해
괴물을 창조했는데

번개가 치던 날,

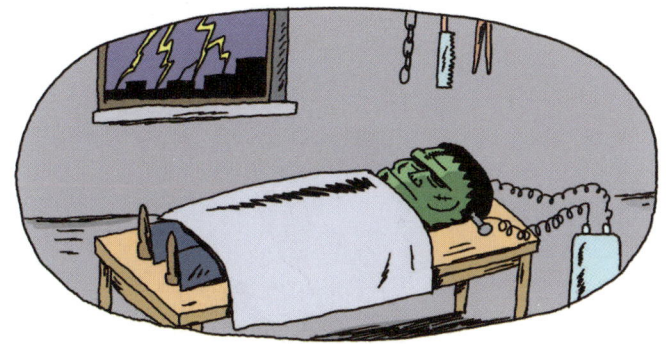

인간의 시체 조각들을
얼기설기 꿰매어 만든 괴물의 몸에
전기가 흐르고
실험대 위에서 꿈틀꿈틀
괴물이 살아나는 이야기야.

전-기-는- 나-의- 은-인-이-다.

전기의 놀라운 힘을 처음 깨달아 가던 시대에
오싹오싹
정말 실감 나는 이야기였을걸.

같은 시대에 영국의 어느 과학자는
전기의 힘으로 대단한 발견을 하여
이름을 날리고 있었어.

험프리 데이비는
정규 교육을 제대로 받지 못했지만
라부아지에의 책을 읽고 과학자가 되기로 마음먹어.
데이비는 독학으로 밤낮 공부하여
똑똑한 젊은이로 소문이 났어.

데이비는 기체 연구소에서 일하며
아산화 질소 가스를 만들었는데
인체에 어떤 영향을 주는지 알고 싶어서
직접 들이마셔 보았어.

웃음기체는 금세 유행했고
곳곳에서 웃음기체 파티가 열렸어.

훗날 아산화 질소는 고통을 덜어 주는
마취제로 쓰이게 돼.
어느 날,
데이비는 알레산드로 볼타가
전지를 만들었다는 소식을 듣고

몇 년 동안 도전한 끝에
정말로 커다란 전지를 만들어.

하지만 데이비는 전기로 조명을 개발해
부자가 되지 않고

자기가 좋아하는 원소 실험을 계속했어.
오랫동안 데이비는
물질의 전기 분해 실험에 푹 빠져 있었는데

물에 전기를 흘려보내면
놀라운 일이 벌어진다지?

전지의 양쪽 선을
물통에 담가 전기를 흘려보내면

물이 점점 줄어들고
대신

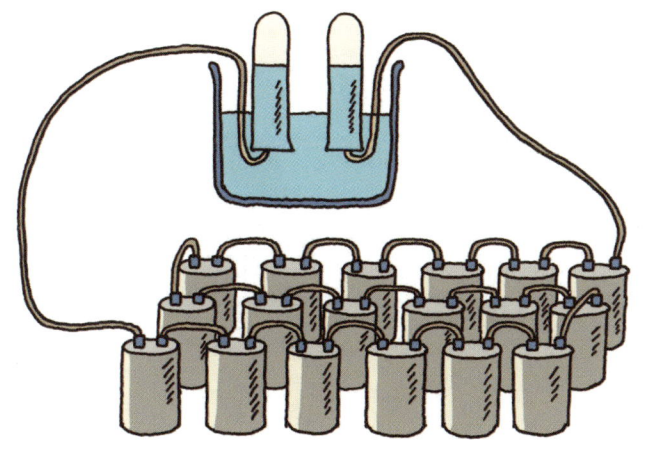

한쪽에는 수소 기체가 뽀글뽀글
다른 쪽에는 산소 기체가 뽀글뽀글.
물이 수소와 산소로 나뉘지 않겠어?
물통에 계속 계속 전기를 흘려보내면
어떻게 될까?
물통의 물이 모두 사라져 버리고

믿어지지가 않아.

모두 수소와 산소가 돼!

물 = 수소 + 산소

전기의 능력에 감탄한 데이비는
여러 가지 물질에 전기를 흘려보내며 실험을 계속해.
1806년에는 100번도 넘게 실험을 했는데

1807년, 마침내⋯
식물의 재에 전기를 흘려보냈더니
기체와 함께 처음 보는 금속 알갱이들이
몽글몽글 생겨나는 거야.

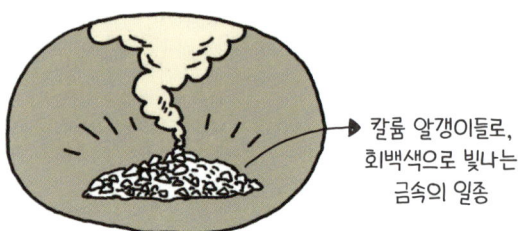

칼륨 알갱이들로,
회백색으로 빛나는
금속의 일종

데이비는 새로운 물질을 발견하고 너무 기뻐서
정신 나간 사람처럼 실험실을 뛰어다녔어.

칼륨은 버터처럼 부드럽게 잘리고

너무 가벼워서 물에 뜨는데
물에 닿자마자 보라색 불꽃을 뿜으며
무시무시하게 타올라.

금속이라면 보통 무겁고 단단해야 하는데
칼륨은 달랐어.
데이비는 이것을 금속이라 해야 할지
고민한 끝에 결론을 내렸어.

칼륨은
처음 보는 희한한 금속이었을 뿐 아니라
새로운 **원소**였어!

까마득한 옛날부터
철학자와 과학자들은
세상 만물이 무엇으로 되어 있는지
알고자 했는데

예부터 세상을 이루는 건
4가지 기본 원소라고 생각했어.

하지만 데이비가 어렸을 무렵,
오랫동안 이어져 내려온 믿음이 깨지고
물도 공기도 더 이상
원소가 아니라는 것이 밝혀져.
물은 수소와 산소로 되어 있고

공기는 여러 가지 기체가 뒤섞인
혼합물이었어.

과학자들은 부랴부랴
세상 물질을 이루는
기본 원소를 찾기 시작했지만
원소 찾기란 엄청나게 어려운 일이야.

원소들은 대부분
본래 모습 그대로 있지 않고
다른 원소와 결합해
좀 더 복잡한 화합물이 되기 때문이야.

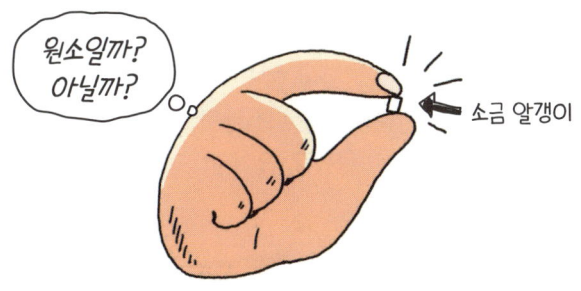

다행히도 옛날부터 잘 알려진 금속들이
몇 가지 있었는데

과학자들은 이 시대에 와서야
비로소 눈치채게 되었어.

이것들이 더 이상 나뉘지 않는
원소라는 것을 말이야!

과학자들은 새로운 원소를 찾느라
수많은 물질을 녹이고 끓이고 태우고 졸이고
독하디 독한 용액을 들이부으며
실험을 했어.

그런데 이제 험프리 데이비 덕분에
원소를 찾는 신박한 방법을 알게 되었으니
바로 바로 전기 분해란 말씀.

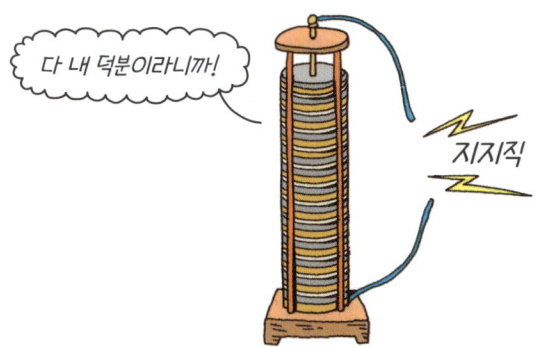

전기 분해라는 새로운 칼 덕분에
원소들이 세상에 모습을 드러내게 되었어.

소금을 칼로 자르면
더 작은 소금 알갱이가
될 뿐이지만

소금에
전기를 흘려보내면

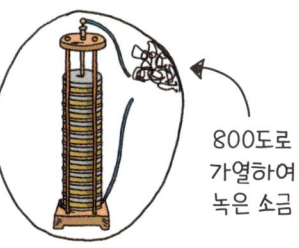

800도로
가열하여
녹은 소금

우리가 먹던 짭짤하고 하얀 소금은 사라지고
염소라는 원소와
나트륨이라는 원소가 돼.

독성이 있는 녹색 기체   무른 금속

믿어져?
소금 속에 독성 기체와 금속이 들어 있다니!

우웩!
우리가 그런 걸
먹는다고?

험프리 데이비는 자신이 발견한 방법으로
몇 가지 원소들을 분리하고 책을 썼어.

데이비는 과학자들 사이에
유명세를 타는 것으로 그치지 않고
사람들에게 과학 지식을 재미있게 들려주고
실험을 해 보이며
영국에서 가장 유명한 강사가 되었어.

어느 날 데이비는
실험을 하다가 심한 부상을 당해서

편지를 대신 써 줄 조수를 구했어.

데이비는 살아 있을 때 높은 인기를 누렸지만
훗날 사람들이 말하길,
데이비가 발견한 것 중에 가장 훌륭한 것이
마이클 패러데이라는 거야.

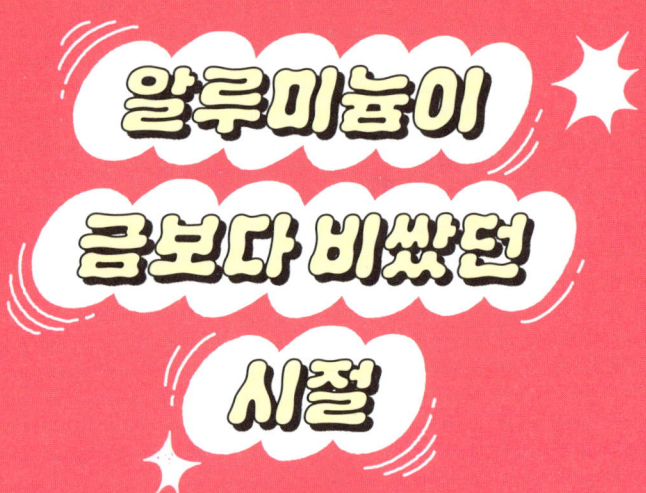

데이비가 죽고 20년쯤 지났을 무렵
이 세상에 62개의 원소가 있다는 것이 알려져.

과연
이 세상을 만드는 원소가 몇 개일까?
이러쿵저러쿵
추측과 의견이 분분한 가운데
과학자들은 새로운 원소를 찾아 헤맸어.

과학자들은 원소를 맨 처음 발견한
영광과 명예를 누리고 싶어 했지만
누가 최초의 발견자인지
혼란이 생기기도 했기 때문에

원소를 처음으로 순수하게 분리해 낸 사람을
그 원소의 발견자라 부르기로 해.

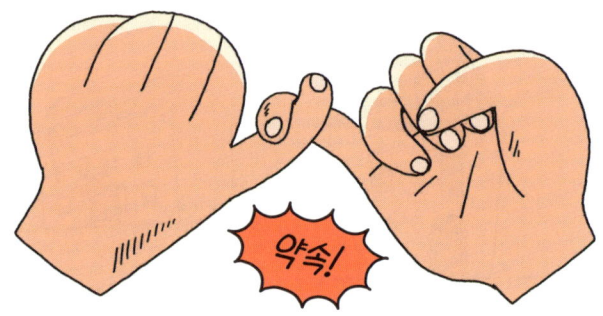

실험을 통해 최초로
원소를 분리한 사람은
독일의 아마추어 과학자
헤니히 브란트라고 전해져.

실험의 원래 목적은
금을 만들려는 것이었어.

1669년, 브란트는
엄청난 양의 오줌을 모아

오줌을 끓이고 졸이는 구역질 나는 실험 끝에
왁스처럼 말랑말랑한
하얀 고체를 얻게 되었는데

실망도 잠시,
그건 공기와 만나 타오르면서
어두운 지하 실험실을 밝힐 만큼
환한 빛을 냈고

물속에 담가 두면
차갑고 음산한 빛을 발했어.
브란트는 그 물질을 사람들에게 비싸게 팔았지만
아무에게도 제조법을 가르쳐 주진 않았어.
하지만 오줌을 그리 많이 모으는 통에

슬금슬금 비밀이 알려지게 되었다는 말씀.

그 신비로운 물질은 훗날
인이라는 원소로 밝혀져.
인은 언제 누가 발견했는지 알려진
최초의 원소야.
알고 보니 인은 우리 몸에 많이 있었어.

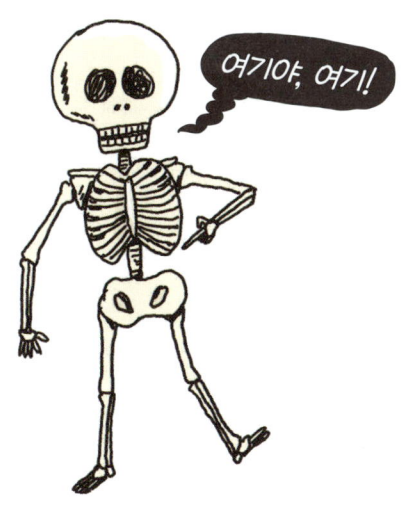

'이 세상이 무엇으로 되어 있을까?'
인류의 질문이 시작된 이래로 2000년이 넘는 시간 동안
모두 29개의 원소가 발견되었어.
그런데 1800년대에 이르면
100년 동안 무려 50여 개의 원소가 발견돼.

어떤 원소는
다른 원소와
어울리지 않고

어떤 원소는
다른 원소와 스치기만 해도
쉽게 달라붙어 결합하고

어떤 원소는 얌전하고
어떤 원소는
아주 쉽게 폭발하고

어떤 원소는 가볍고
어떤 원소는 무겁고….

그런데
상상을 초월하는 원소도 있어.
그건 불소인데 플루오린이라고도 불러.

날뛰는 황소처럼 무서운
황록색의 기체 원소야.
물과 만나면 불꽃을 일으키며
폭발할 만큼 무시무시해.

불소는 모든 원소들 중에
다른 원소와 결합하는 성질이 너무 세서
지구에 원소 상태로는 거의 존재하지 않을 정도야.

성질이 무지막지한 불소를
순수하게 분리하기 위해
험프리 데이비를 비롯해
여러 과학자가 달려들었어.

끔찍하게도 데이비는 눈과 손가락에 화상을 입고
또 다른 과학자는 불소에 심하게 중독이 되었으며
몇 사람은 목숨까지 잃고 말았어.

순수한 불소는 너무 위험해서

지금도 불소를 운반하려면

고밀도 강철과 방탄유리로 만든
특수 제작 용기가 필요해.
불소는 무려 100여 년 동안 과학자들의 애를 태우다가
1886년에 최초로 분리되었어.

놀랍게도 불소는 오늘날
집 안에서 유용하게 쓰이고 있지 뭐야.
전 세계 사람들의 치아 건강에 도움이 되고

프라이팬이 눌어붙지 않게
코팅을 하는 데도 쓰여.

이번엔 알루미늄에 대해 이야기해 볼까.

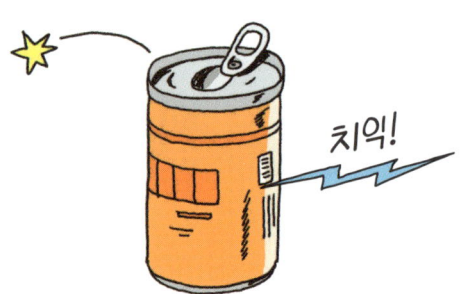

음료수의 깡통은
대개 알루미늄으로 만들어지는데
알루미늄은 은백색으로 은은하게 빛나고
강하고 가벼우며 녹이 슬지 않는
세련된 금속 원소야.

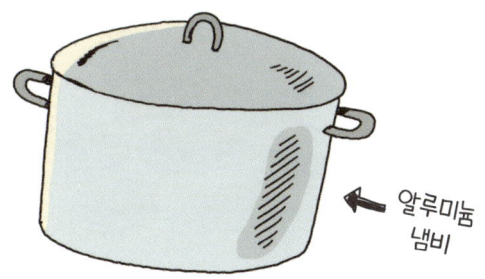

알루미늄은 땅속에 많이 있는 금속이지만
1827년에 처음 순수한 원소로 분리되었어.

알루미늄이 처음 세상에 나왔을 때는
금보다 더 귀한 금속이었고
왕과 귀족들만 쓸 수 있는 사치품이었어.

프랑스의 황제 나폴레옹 3세는
자신은 알루미늄 식기를 쓰고

손님들에게는
금 식기로 대접했을 정도라니까.
훗날 전기 분해법을 이용해
알루미늄을 대량 생산하게 된 덕분에
가볍고 강하고 값이 싼 알루미늄은
무겁고 녹이 스는 철 깡통을 물리치고

깡통의 세계를 완전히 정복해 버렸어.

세상을 이루는 원소들마다
발견된 역사가 있고
흥미진진한 뒷이야기가 있지만…

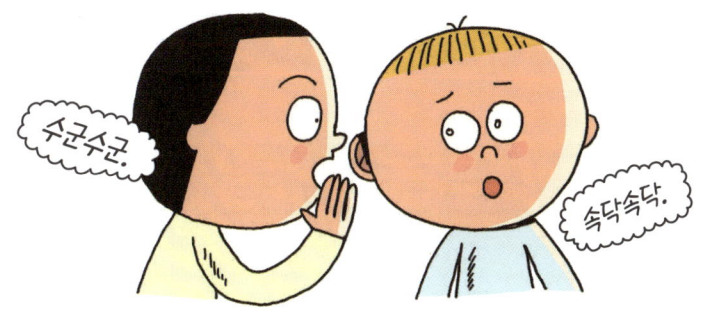

안타깝게도 오늘날 교과서에는
원소 발견의 역사가 나오지 않아.
하지만 한때는 과학자들이 목숨까지 걸고

이 세상을 이루는 원소를 찾으려 애를 썼던
낭만적이고 모험심 가득한 시대가 있었다는 말씀.

각하, 전기로 세금을 매길 수 있습니다!

1812년, 영국 왕립 연구소로
두꺼운 공책 한 권이 배달돼.

장차 새로운 과학의
역사를 만들어 가는
주춧돌이 될 놀라운 공책

받는 사람은
왕립 연구소 소장 험프리 데이비,

나야, 나!

보낸 사람은 제본소에서 일하는
21세의 청년 마이클 패러데이야.

제가 보냈지
말입니다.

패러데이의 꿈은 과학자였는데
그 시절에 교육을 받지 못한 가난한 사람이
과학자가 되기란 하늘의 별 따기였어.

패러데이는 14세 때부터 제본공으로 일했는데

어느 날 브리태니커 백과사전에서 '전기' 항목을 읽고
무조건 과학자가 되고 싶어졌어.
그러던 어느 날….

패러데이는 데이비의 강의 내용을
꼼꼼하게 받아 적고 그림까지 그려서
제본공의 솜씨로 멋지게 제본한 다음

데이비에게 보내 주었어.
이런 글과 함께.

감동을 받은 데이비는
패러데이를 조수로 뽑아 주었고
패러데이는 드디어 과학자의 길로 들어서게 돼.

처음에는
패러데이가 정말로 과학자가 될 줄
아무도 몰랐어.

데이비의 비서 겸
실험 도구 설거지 담당

게다가 위대한 과학자가
될 줄은 말이야.
1820년 어느 날, 패러데이는
깜짝 놀랄 논문을 읽게 되었어.

어떤 과학자가 전기 실험을 하다가
우연히 발견했는데
전선 주변에 놓여 있던 나침반 바늘이
저절로 옆으로 움직였다는 거야!

과학자들은 그 소식을
대수롭지 않게 여겼어.
하지만 패러데이는 너무 신기해서
수십 수백 번 실험을 해 보았어.
전류가 흐르는 전선 주변에 나침반을 놓으면
바늘이 정말로 움직이는 거야!

얼마 뒤, 미국의 과학자 조지프 헨리도
기이한 실험으로
사람들을 놀래켰어.

평범한 쇠막대에 구리선을 감고
전류를 흘려보냈더니
무거운 쇳덩이가 번쩍 들려!

전류를 끊으면
어마어마한 굉음과 함께
쇳덩어리가 도로 아래로
떨어져.

구리선을 더 빽빽하게 감으면
그 조그만 것이 몇 백 kg의 쇳덩이도
들어 올린다는 거야.
강력한 전자석이 탄생하는 순간이야!

전류가 흐르는 동안
자석이 되는 장치

구리선을 빽빽하게
감기 위해 아내의 앞치마를
잘라 사이사이에 넣었지.
실험할 때마다 사람들이
열광했다니까.

조지프 헨리

그 소식을 들은 패러데이는 궁금했어.

전선과 쇳덩이 사이엔 아무것도 없었어.
텅 빈 공간밖에.
공간에 무언가 있는 게 틀림없어!
패러데이는 언제나 자석 주위에
쇳가루가 곡선으로 늘어서는 걸 보며

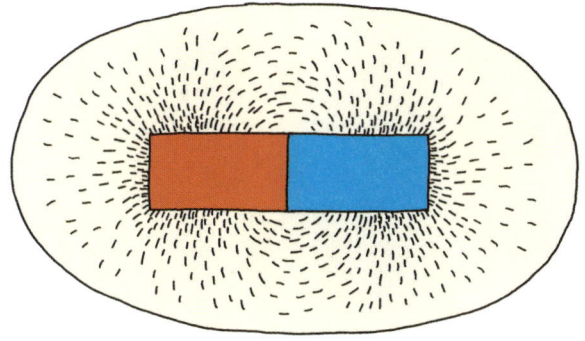

자석 주변에 신비한 힘이 있다고 믿었는데
어쩌면 전류가 흐르는 곳 주변도
그런 게 아닐까 의심했어.
하지만 과학자들은
패러데이의 생각을 무시했어.

스승 험프리 데이비에게 말했지만

무시를 당했어.
패러데이는 계속 전기를 연구하고 싶었지만
그럴 수 없었어.
왕립 연구소의 명령에 따라
쉴 새 없이 잡다한 연구를 해야 했거든.

10여 년이 지나 40세가 되어서야
패러데이는 마침내
자기가 하고 싶은 연구를 할 수 있게 돼.

패러데이는 자석처럼 전선 주변에도
신비한 힘이 있다고 믿으며
실험을 계속했는데
다른 과학자들은 여전히 비웃을 뿐이었어.

패러데이는 포기하지 않고
수천 번 실험을 거듭한 끝에 마침내
그 신비한 힘을
모두에게 보여 줄 수 있었어!
탁자 위에 전선 코일을 두고
한 손에 아이들이 갖고 노는
작은 자석을 들었어.

패러데이가 자석을 코일 가까이 움직이자…
전류가 흐르기 시작해!
자석을 움직이지 않고 가만히 들고 있으면
전류도 멈춰.
자석을 움직이면 다시 전류가 흘러!

왕립 연구소의 추운 지하 실험실에서
패러데이는 마침내 깨달았어.
전선 주위에 신비한 힘이 정말로 있어!
딸그락딸그락
창밖으로 마차들이 지나다니는 거리를 내다보며
패러데이는 확신해.

고등 교육을 받은 적 없는 패러데이는
자신의 이론을 그림으로 그렸지만
수학으로 증명할 수 없었어.

패러데이는 1만 번 거듭한
자신의 실험 일지를
젊은 수학자 맥스웰에게 보내.

맥스웰은 최고의 교육을 받았고
경건하고 겸손한 사람이었어.

맥스웰은 패러데이를 존경하여
노 과학자의 꼼꼼한 실험 일지를
수학 방정식으로 바꾸어
책으로 내주었어.

그제야 과학자들은 패러데이가 발견한
신비한 힘의 존재를 받아들였어.

패러데이는 전선과 자석 주변에 존재하는
신기한 힘을 이용해
최초로 발전기를 만들게 돼.

코일 안으로 힘들게
자석을 넣었다 뺐다 하는 대신
자석 주변에서 코일을 빠르게 회전시켜
전기를 만들었어.

인류 역사상 처음으로 전기를 얼마든지 많이,
얼마든지 오래 만들어 낼 수 있게 된 거야.

구리판과 자석이 크면 클수록
더 센 전기를 만들 수 있어.

전해 오는 이야기에 따르면
영국의 총리가
패러데이에게 물었어.

50년쯤 뒤,
곳곳에 전선이 깔리고
정말로 그런 일이 일어났지 뭐야.

오늘날 우리가 집에서
전기를 펑펑 쓰게 된 건
바로 바로 패러데이가 발견한
발전기 덕분이라는 말씀.

발명의 시대

전기를 많이,
계속 계속 만들 수 있게 되었다고 해도
전기가 느릿느릿 흐른다면

전기는 아무짝에도 쓸 데가 없을 거야.
다행히도 전기는 이쪽에서 저쪽으로
전선을 따라 순식간에 흘러.
빛의 속도로!

전선이 아무리 길어도 말이야.

1830년에 전자석을 만들었던
미국의 과학자 조지프 헨리는
전선을 기다랗게 만들어 실험해 보았는데

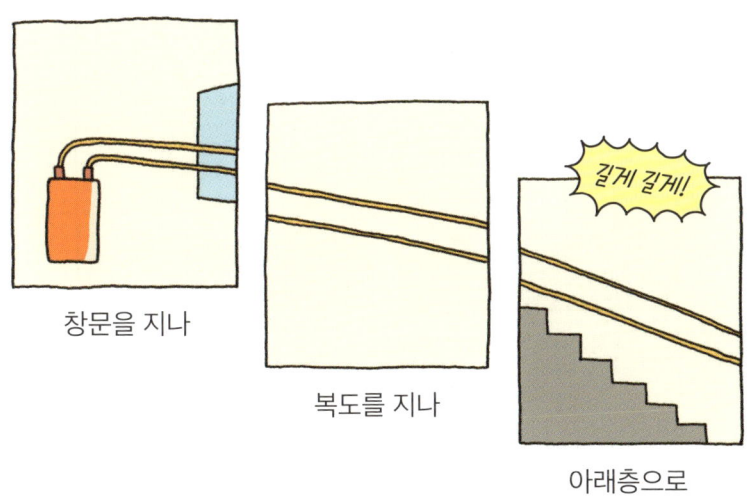

창문을 지나

복도를 지나

아래층으로

기다란 전선을 타고
순식간에 전기가 흘러
전자석 끝에 쇠붙이가 달라붙는 게 아니겠어?

전지를 켜면   전지를 끄면

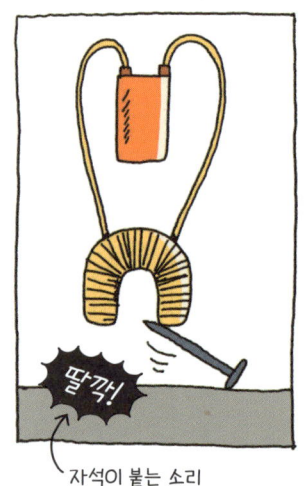 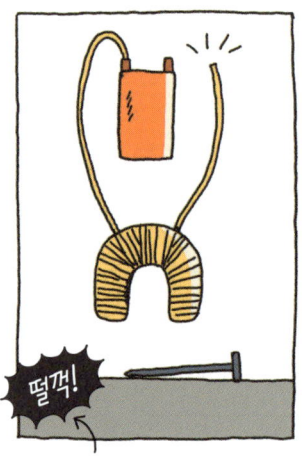

↑ 자석이 붙는 소리   ↑ 자석이 떨어지는 소리

전지와 쇠붙이가 멀리멀리 떨어져 있어도
순식간에 딸깍! 떨꺽!
소리가 나.
헨리는 딸깍 소리를 여러 조합으로 만들면

딸깍은 이런 뜻이고
딸깍딸깍은 요런 뜻…
딸깍딸깍 떨꺽은 저런 뜻이고….

쉽게 정보를 전할 수 있지 않을까 생각했어.
하지만 헨리는 여기서 멈추었어.

어느 날 새뮤얼 모스가 헨리를 찾아왔어.
모스는 잘만 하면 이 발견이
큰 사업이 될 거라는 걸 알았어.

원리는 몰라.
나는 과학자가
아니라
화가니까.

모스의 속셈을 모르는 헨리는
친절하게도 모스에게
<u>전신</u>의 원리를 열심히 가르쳐 주었어.

서로 멀리 떨어진
곳에서 전류를 통해
약속된 신호로
정보를 전달하는
통신 방법

모스는 기술자를 고용해
더 개선된 전신기와 통신 부호를 만들고
특허까지 받아 냈어.

자기 이름을 딴
모스 부호

그리하여 1844년,
미국 워싱턴 DC와 볼티모어시 사이에
전선이 연결되었어.
모스는 떨리는 마음으로
많은 사람들이 지켜보는 앞에서 전보를 보내.

성공이야!
전보가 전달되었어!

전신을 통해
전해진 소식

볼티모어로 전송된 모스 부호를
알파벳으로 바꾸면 바로 바로 이런 말이었어.

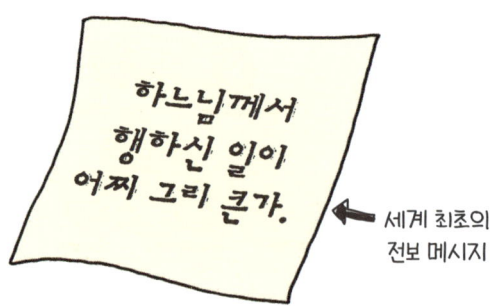

세계 최초의
전보 메시지

최초의 전신이 개통되고 일주일 동안
모스가 벌어들인 돈은 겨우
13.5센트뿐이라는 말이 있지만

10년도 지나지 않아
너도나도 전보를 쳤고

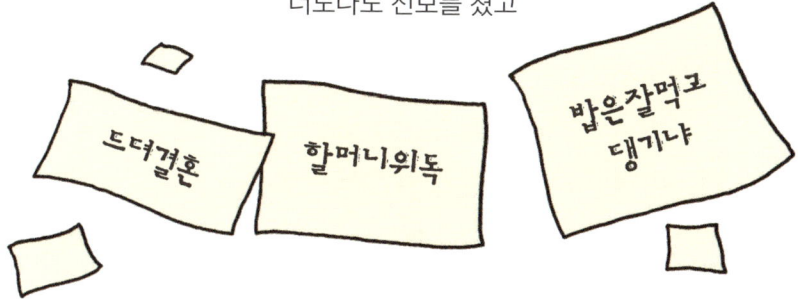

모스는 미국에서 가장 부자가 되었어.
전신의 원리를 전해 준 조지프 헨리는
부자가 되지 못했지만
존경을 받았고

모스는 30여 년 동안
서로서로 자기가 먼저라고 주장하는
전신 사업가들 때문에
지저분한 특허 소송에 휘말려 살았어.

어쨌거나 해마다
전신선의 길이가 쑥쑥 늘어났는데
1866년에는 바다를 가로지르는
어마어마한 해저 전선이 설치되었다는 말씀.

그 뒤로
아프리카와 아시아, 세계 곳곳에
전선이 깔렸어.

우리나라에도 1885년,
서울과 인천을 잇는 최초의 전신선이 깔리게 돼.

전보는 굉장한 발명이었어.
오늘날 인터넷과 스마트폰이 탄생한 것보다도
더 엄청난 충격이었을걸.
우편 마차가 가장 빠른 통신 수단이었던
시대를 지나

빛의 속도로 소식이 전해져.
물론 전신국에 도달한 메시지를
누군가 집으로 배달해 주어야 하는 일이
남아 있었지만 말이야.

전보가 탄생하고 30년쯤 뒤,
과학자들은 이런 상상을 해.

그때에도 실전화기가 있었는데
부인들과 아이들이 가지고 놀았어.
소리가 실이나 가느다란 철사를 타고
전해지는 거야.

전신이 발명된 뒤,
과학자들은 전선을 통해 소리를 보내는
전화를 발명하려 애썼는데
그중에 공식적으로 특허를 받은 사람은
청각 장애인 학교의 교사 알렉산더 그레이엄 벨이었어.

벨의 어머니는 청각 장애인이었고
훗날 아내도 청각 장애인이었어.
벨은 언제나 소리의 원리에 대해 관심이 많았어.

청각 장애인 학교 교사로 일할 때는
달려오는 마차 소리를 듣지 못하는 아이들에게
풍선을 나눠 주었어.

1875년에 벨은
전선에 목소리를 실어 보낼 방법을 찾다가
전화를 발명했는데 그걸
'전기 진동을 일으켜 목소리나
그 밖의 소리를 전신으로 전달하는 기구'라 불렀어.

송화기에 대고 말을 하면

송화기 속의 진동판이 떨리고
섬세하고 다양한 진동이
전선을 따라 전달돼.

전류가 수신기에 도착하면

수화기 속 진동판을
떨리게 하고
소리가 재생돼.

작은 속삭임도 수천 m 길이의 전선을 따라
전해질 수 있어.
하지만 기업가들은
벨의 전화기 특허를 사 주지 않았어.

처음에 전선을 타고 전해진 소리는

잘 들리지 않거나
찍찍거리고 왜곡되어 들리기도 했지만
그런 것쯤이야 앞으로 얼마든지
기술이 개선될 텐데 말이야.

하는 수 없이 벨은
자신이 직접 통신 회사를 설립해.

오늘날 거대한 미디어 그룹
AT&T 주식회사가 됨

그렇게 전화가
우리의 일상으로 들어오게 돼.
이 세상에 수억 가지 소리가 있는데
그게 다 전기로 전달될 수 있다니.
놀랍지 않아?

전화는 진화에 진화를 거듭해
스마트폰이 되었어.
벨이 2025년에 환생해 스마트폰을 본다면
까무러칠 거야.

벨이 전화기를 발명할 무렵,
한편에서는 전기로 인공 불빛을 만들려
애쓰고 있었어.
200년 전까지도 밤에 불을 밝히는 방법은

기름이나 천연가스를 태우는 것뿐이었는데
비싼 고래기름 대신 등유를 태우면
연기와 냄새가 지독했어.

그런데 과학자들이 금속선에 전기를 흘려보내
인공 불빛을 만들었어.

하지만 금속선은 뜨거워지고 뜨거워지다가
금세 녹고 말았어.

미국의 발명가 토머스 에디슨도
전등을 개발하기 위해 노력했어.
녹지 않고 오래 가는 필라멘트를 만들기 위해
온갖 물질로 실험을 했어.

그리고 마침내 까맣게 태운 실을 꼬아
진공 유리구에 넣고
안정적으로 빛을 내는
필라멘트를 만드는 데 성공했어.

그 뒤로도 에디슨은 연구를 계속했어.
무려 6,000가지가 넘는 물질로 실험한 끝에
1880년에는 일본 대나무 섬유를 태워
오랜 시간 빛을 내는 전구를 개발했어.

하지만 집에 전기가 들어오지 않는다면
전등은 아무 소용이 없었을 거야.

에디슨은 미국 최초의 발전소를 세웠고
발전소에서 집으로 전선이 연결돼.

발전소 겸
에디슨 전등 회사

1882년 9월 4일 오후 3시!
에디슨 발전소의 고객 20명의 집에
최초로 환한 전깃불이 밝혀져.
어느 날 기자가 찾아와 물었을 때
에디슨은 이렇게 대답했어.

에디슨의 시대에
산업 연구소가 등장하고

발명가와 기술자들이
발전기와 전기 모터를 개선해 나갔어.
속속 첨단 발명품들이 쏟아져
도시의 모습을 바꿔 놓아.

전기 모터로
도르래를 움직여 작동하는 엘리베이터가
사람들을 위아래로 실어 나르게 되자
처음으로 뾰족뾰족
높은 빌딩들이 도시에 등장해.

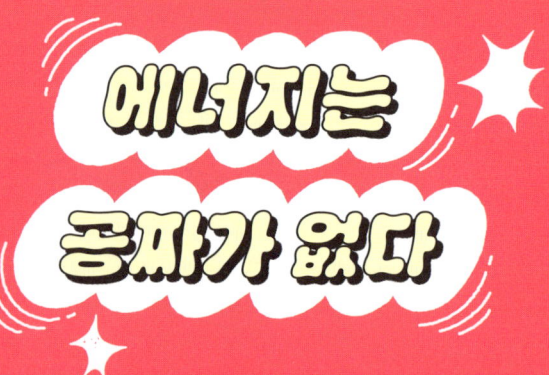

1700년대 후반,
영국의 엔지니어들과 사업가들이 던진 말이야.

동력이란
기계를 움직일 수 있는 힘

그때까지 기계나 도구를 움직일 수 있는 건
고작 이런 거였어.

그런데 1800년대에 이르면
2가지 엔진이 등장해.
하나는 전기 모터,
또 하나는 증기 기관으로

증기 기관은
전기 모터보다 역사가 훨씬 깊어.
가장 간단한 증기 기관은 부엌에 있어.

증기 기관의 원리는 간단해.
물이 끓으면 뜨거운 증기가 위로 올라가.
증기의 힘이 냄비 뚜껑을 들어 올려.
냄비 뚜껑이 오르락내리락!

맨 처음 증기의 힘을 생각한 사람은
서기 10년~70년경에 활동한
고대 그리스의 철학자 헤론인데

헤론의 공
물을 끓여 증기의 힘으로
빙글빙글 공을
회전시키는 기계

헤론은 증기의 힘이
물체를 움직일 수 있다고 생각했어.

헤론은 증기의 힘만으로
공을 빙글빙글 돌아가게 했을 뿐 아니라
증기의 힘으로 돌아가는 신전의 자동문을
설계했다고 전해져.

물의 무게로 양동이가 오르락내리락,
쇠사슬에 감긴 기둥이 돌아가며
신전의 문을 여닫아.

헤론의 자동 신전 문이
실제로 만들어졌는지는 알 수 없어.
사람들이 정말로 보았다면
마법이라고 생각했을걸.

헤론 이후에도
물을 끓여 증기의 힘으로
무언가를 해 보겠다고 나선 사람들이 있었지만
그건 모두 장난감 수준이었어.
그런데 1712년, 드디어
쓸 만한 증기 기관이 나타나게 돼.

뉴커먼의 증기 기관은 탄광에서 쓰였는데
64년 뒤, 제임스 와트가
훨씬 효율이 높은 증기 기관을 만들었고

제임스 와트
영국의 발명가, 기술자,
공업소 사장

공장에서 널리 쓰이게 돼.
공장에 등장한 증기 기관은 노동자들의 원성을 사서
불에 타는 수모를 당하기도 했어.
증기 기관의 힘으로 움직이는 기계가
너무 일을 잘해 노동자의 일거리를
빼앗았기 때문이야.

자지도 먹지도 않고
일만 하는 괴물

그래도 증기 기관은 승승장구하여
1825년에는 증기 기관차가 운행을 시작하고

1838년에는 증기 기관으로만 움직이는 배가
대서양을 횡단하기에 이르러.
하지만 어떤 사람들은
증기 기관을 미심쩍어했고
이런 풍자만화도 등장했어.

↳ 영국의 어느 삽화가가 그린 만화

증기 기관은 놀라운 발명품이었지만
골칫거리가 하나 있었어.
물을 끓여 뜨거운 증기를 만드느라
석탄을 너무 많이 때야 한다는 거야.

그리하여 프랑스의 과학자 사디 카르노가
어떻게 하면 증기 기관의 효율을
더 높일 수 있을까 고심했는데

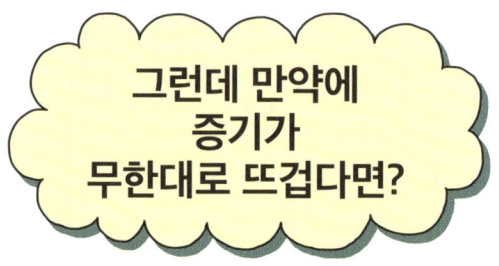

처음에 한번만 움직여 주면
영원히 저절로 움직이는 기계를 만들 수 있다고
카르노는 말했어.
그런 기계를 영구 기관이라 불러.

옛날부터 인류에게
헛된 꿈이 3가지 있었으니
첫째, 평범한 돌로 금 만들기,
둘째, 영원히 죽지 않는 불로장생의 약 만들기,
셋째, 영구 기관 만들기!
하지만 전 세계의 석탄을 모아 태워도

무한대로 뜨거운 증기를
만들 수는 없어.
그러니 카르노의 이야기는
영구 기관을 절대로 만들 수 없다는 것.
그런데도 영구 기관을 만들었다는 사기꾼과
아마추어 발명가가 사라지지 않았어.

결국 그 어떤 것도
엉터리로 판명이 났지만 말이야.

물을 끓이려면 반드시 연료를 태워야 하고,
뜨거운 물은 저절로 식어도
찬물은 저절로 뜨거워지지 않는다는 말씀!

카르노의 생각은 훗날
열역학 제2법칙의 기초가 돼.
열역학 제2법칙에 따르면
이런 일은 쉽게 일어나지만

이런 일은 일어나지 않아.

열역학 제2법칙은
엔트로피 법칙이라고도 불리는데
무질서한 정도가 점점 더 늘어난다는 뜻이야.

방을 어지르기는 쉽지만
치우기는 너무너무 어려운 것도
바로 바로

그럼 열역학 제1법칙도 있을까?
열역학 제1법칙은 제2법칙보다
더 늦게 알려졌는데
우주의 가장 기본 법칙이 된다 하여
제1법칙이라 불러.

열역학 제1법칙

에너지의 총량은 일정하다.

에너지는 새로 생겨나지도 않고
사라지지도 않는다.
다만 변신할 뿐!

열역학 제1법칙은
여러 과학자들의 연구로 밝혀졌는데
1840년, 율리우스 마이어라는 의사는
우리가 음식을 먹으면
음식 속에 들어 있는 에너지가
열에너지로 바뀐다는 것을 발견했어.

같은 해에 영국의 과학자 제임스 줄은
전선에 전류를 흘려보내면
열이 난다는 사실을 발견했어.

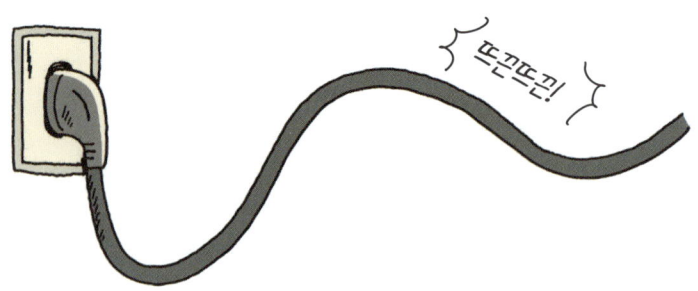

전기 에너지가 열에너지로 바뀐 거야!

줄은 운동 에너지가 열에너지로 바뀌는 걸
증명하는 실험도 했는데
물통 속의 물을 휘저었더니

물의 온도가 올라가지 않았겠어?

모두가 알다시피
추가 물속에서 돌아가면
마찰 때문에 열이 생기는데
그건 운동 에너지가 열에너지로
바뀌었다는 뜻이야.

에너지는 변신하고 변신해.
생겨나지도 않고 사라지지도 않아.
우주에 있는 에너지의 양은
태초부터 지금까지 같아!

과학자들은 지금까지
법칙을 거스르는 경우는
단 한 경우도 발견하지 못했어.
열역학 제1법칙에 따라
에너지는 변신할 뿐이야.

발전소에서
화학 에너지가 전기 에너지로

전기 에너지가
빛 에너지와 열에너지로

음식이 소화될 때
화학 에너지가 열에너지로

달리기를 할 때
화학 에너지가
운동 에너지와 열에너지로

변신하고 변신해!

그런데 눈치챘어?
모든 에너지는 마지막에
열에너지로 변신한다는 거야.
열에너지는 더 이상 변신하지 않고
공중으로 흩어져 버려.

흩어져 버린 열에너지를
도로 모을 수는 없어!
그게 바로
뜨거운 건 저절로 식지만
식은 게 저절로 뜨거워지지 않는 이유야.
모든 에너지는 지금도 열에너지로 변해
시시각각 우주로 흩어지고 있어.

언젠가는
별들도 에너지를 모두 잃고
우주는 암흑천지가 돼.
고요하고 차가운
우주가 돼.

07 고생물학이 탄생하다

오래전 지구에 그 누구도 본 적 없는
놀라운 생물들이 살았다는 걸

우리는 어떻게 알까?
그건 바로

1822년,
생물의 화석을 연구하는 학문이
정식으로 탄생했어.

고생물학은 이름과 달리,
과학의 역사에 뒤늦게 탄생한
신생 학문이야.
퀴비에는 직접 수백 마리 동물을 해부하여
방대한 지식을 쌓았어.

1800년대에는
박물관마다 앞다투어 화석을 전시했고
화석 수집은 신사들 사이에
고상한 취미가 되었어.

화석의 수요가 많아지자
전문적으로 발굴하는 사람도 생겨났어.

남다른 재능으로 화석을 발굴해
인류의 지식과 고생물학을 크게 발전시킨 사람은
놀랍게도 여자아이였는데

1811년, 12세 때 애닝은
거대한 어룡의 거의 온전한 화석을 발굴했어.

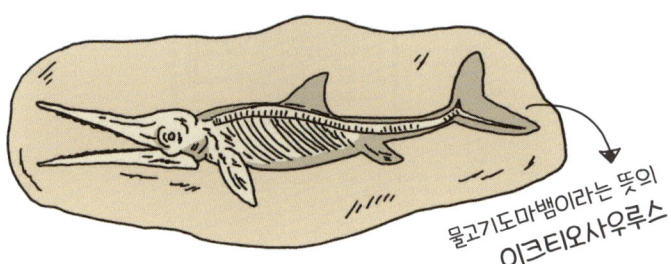

애닝은 수장룡과 익룡 화석을 발굴했고
점점 유명해졌어.
애닝은 최고의 화석 수집가로
영국을 넘어 유럽과 미국에도 이름이 알려지게 돼.

애닝은 이 분야에 관한 한
다른 어떤 과학자 못지않게 정통했지만
여자라는 이유로 지질학회 회원이 될 수 없었고

과학자들은 애닝을 동료 과학자로
인정해 주지 않았어.

애닝이 죽고 163년 만에
애닝은 역사상 가장 영향력 있는
여성 과학자 중 한 명으로 뽑혔고
애닝은 그제야 고생물학자라 불리게 되었어.

1800년대에는 수많은 화석이 발굴되었는데
가장 유명한 화석은
바로 바로 공룡 화석이야.
1822년, 영국의 기디언 맨텔이
이빨 화석 하나를 발견했어.

기디언 맨텔은 의사이자
아마추어 화석 수집가였는데
어찌나 화석을 좋아했던지 자기 집을
화석 박물관으로 꾸밀 지경이었어.

맨텔은 자신이 발견한 화석이
멸종한 거대 파충류의 이빨이라 주장했는데
과학자들은 믿지 않았어.
심지어 유명한 퀴비에조차도.

하지만 맨텔이
나머지 화석 조각들을 찾아내었고
이리저리 짜 맞추어 상상해 보니

거대한 괴물이 되었어!

그 동물은 이구아노돈이라 불렸는데
'이구아나의 이빨'이란 뜻이야.
그 뒤로 수많은 거대 동물의 화석이 발견되었고

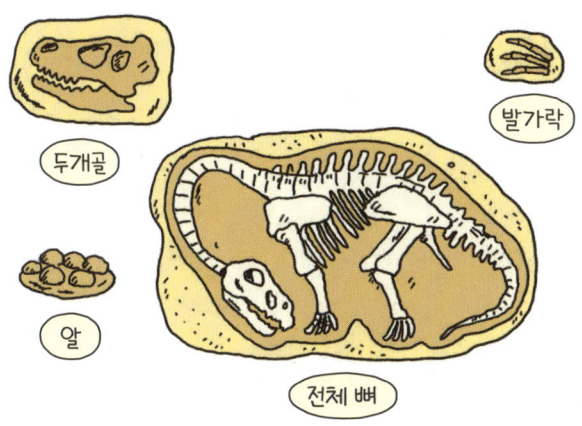

1841년에 **공룡**이라 불리게 돼.

그제야 사람들은 먼 옛날 지구에
공룡이 살았다는 걸 알게 돼.
그런데 이상해.
옛날에 멸종한 동물들이라면
동물의 사체가 어떻게 썩지 않고
수억 년 수천만 년을 견디며
화석으로 남은 걸까?

화석이 되는 건
특별하게 운이 좋은 일이야.

동물이나 식물이 죽으면
대부분 썩어 사라지고

화석이 되려면…

썩기 전에 생물의 사체가
모래와 진흙 속에 묻혀야 해.

사체의 부드러운 부분이
먼저 사라지고

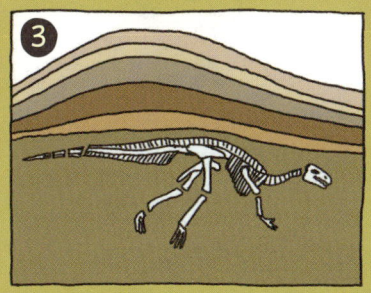

뼈 위에 퇴적물이 쌓여
오랜 세월 눌리고 눌려
단단해져.

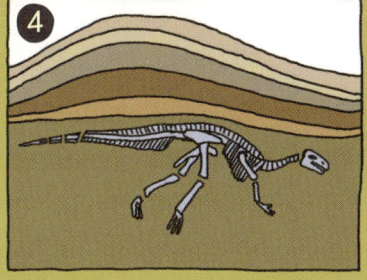

뼈마저 분해되어 사라지면
그 자리에 서서히
광물 알갱이가 스며들어.

지각 변동이 일어나고

땅속의 화석이 육지로 드러나.

하지만 안타깝게도
온전한 모습으로 발굴되는
화석은 거의 없어.
그래서 엉뚱하게 상상하기도 해.

엄지발가락 뼈를 코 위에 올리거나

몸통뼈에 다른 공룡의 머리뼈를 올리기도….

고생물학자는 유능한 탐정이 되어야 해.
뒤죽박죽 흩어진 뼈들로
진짜 모습을 복원하기 위해
고생물학자들은 지금도 골머리를 썩이고 있다는 거야.

과학자들은 말해.

그중에서 과학자들이 찾아내
이름을 붙여 준 종은

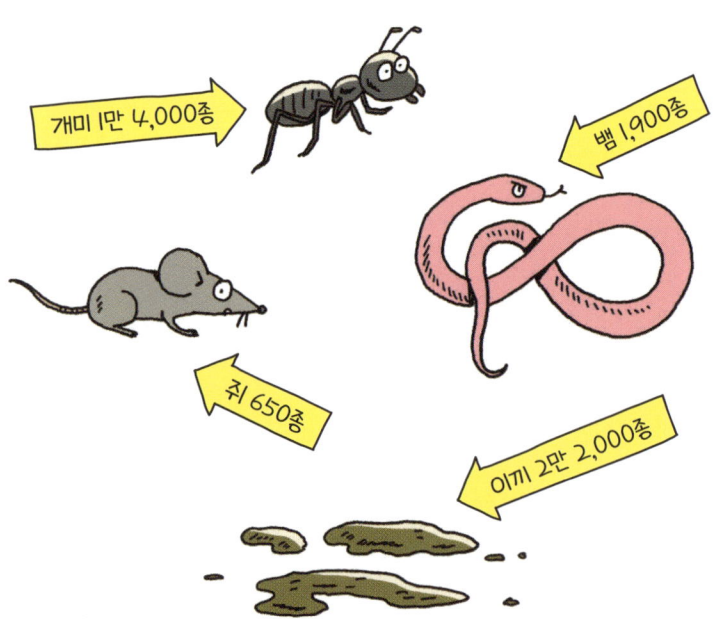

지금까지 분류한 종들이
겨우 140만 종.
지구에 살고 있는 생물종 대부분은
아직 이름도 붙여 주지 못한
미지의 종이라는 거야.

생각을 안 해서 그렇지
생각을 해 보면
이상한 일이 아닐 수 없어.
왜 이렇게 다양한 종이 지구에 살고 있는 걸까?
이렇게 다양한 종이 어떻게 생겨났을까?

바로 그 비밀을 밝혀 줄
미래의 위대한 과학자가
지금 세계 일주 항해를 떠나려는 참이야.

1831년,
영국의 항구 도시 플리머스에
과학의 역사에 가장 유명하게 될
배 한 척이 정박해 있어.

22세의 청년, 찰스 다윈은
남아메리카를 탐험하며
표본을 만들 신참 박물학자로
비글호에 탑승했어.

말이 좋아 박물학자지
사실은 지루한 항해 기간 동안
선장의 말동무가 되어 줄 사람이 필요했던 것.

로버트 피츠로이
함장

비글호에 오를 때에도 다윈은
자기가 미래에 뭐가 될지 전혀 알지 못했어.
다윈의 아버지는 의사였고
아들이 의사가 되기를 바랐지만
다윈은 학업 성적이 좋지 않았고

허구한 날 하는 것이라곤
딱정벌레 수집뿐이었어.

다윈은 성직자가 되기 위해
케임브리지 대학에 갔지만
지질학 수업과 자연사 수업을 더 열심히 들었어.

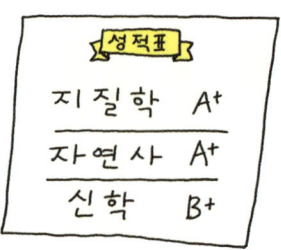

다윈은 조용한 시골 교구의 목사가 되어
취미로 과학을 할 생각이었어.
남아메리카로 떠나는 비글호의
그 구인 광고를 보지 않았다면 말이야.

다윈은 지독한 뱃멀미를 견디며
남아메리카 곳곳에서 자연을 관찰했어.

화산 분출을 목격하고

지진이 남긴
폐허 속을 걸었으며

가는 곳마다 화석을 수집하고
처음 보는 동물과 식물들의
표본을 만들어 영국으로 보냈어.
항해가 끝나고 항해 일기를 정리하며
다윈의 머릿속에 스멀스멀 질문이 피어올라.

수천 년 동안 사람들은
신이 창조한 모든 생물은
결코 변하지 않으며
그중에 최고는 인간이라고 믿었어.

하지만 남아메리카와
갈라파고스 섬들을 탐험하는 동안
다윈은 지구에 살고 있는 모든 생물들이
신이 창조한 모습 그대로
영원불변한 채로 있는 것은 아니라 믿게 되었어.

갈라파고스 제도에서만 살고 있는
땅거북을 보았는데
섬마다 거북의 모양이 조금씩 달랐어.
원주민들은 거북을 보기만 해도 어느 섬에서 온 건지
바로 알아맞힌다는 거야.

건조한 곳에서
키 큰 선인장 잎을 먹는 땅거북.
목을 위로 뻗기 좋게
구부러진 말안장 모양 등껍질.

먹이가 풍부한
곳에서 사는 땅거북.
돔 모양 등껍질.

신이 창조한 종 가운데
인간이 가장 우월하다는 생각도 사라져 갔어.
모든 종이 똑같이 훌륭하게
자신의 환경에 맞게 완전하게 적응하여
잘 살아가는 것 같았어.

그렇다고 다윈이 신의 창조를 부정한 건 아니야.
다윈은 생물들이 번성하는 법칙을
신이 설계했다고 믿었어.

뉴턴이 수학으로 신의 설계를
이해하려 했던 것처럼

다윈은 생물종이 변해 가는 법칙을
이해하고 싶었어.
다윈은 비글호 여행에서 관찰한 표본과
화석을 철저히 비교했어.

비둘기와 개, 말을 기르는 사람들에게
편지를 보내
어떻게 새로운 품종을 만들어 내는지 묻고
런던 동물원에 가서
침팬지와 오랑우탄, 원숭이를 관찰했어.

그러던 어느 날 다윈은
맬서스의 유명한 《인구론》을 읽게 되었어.
식량 생산이 인구 증가를 따라잡지 못해서
머지않아 인류가
극심하게 굶주리게 될 거라는 이론이야.

식량 생산은 1, 2, 3, 4, 5…로 증가하는데
인구는 1, 2, 4, 8, 16…으로 불어난다는 거야.
그래프를 보는 순간
다윈은 깨달았어.
지구에 사는 수많은 생물에게
무슨 일이 일어났는지!

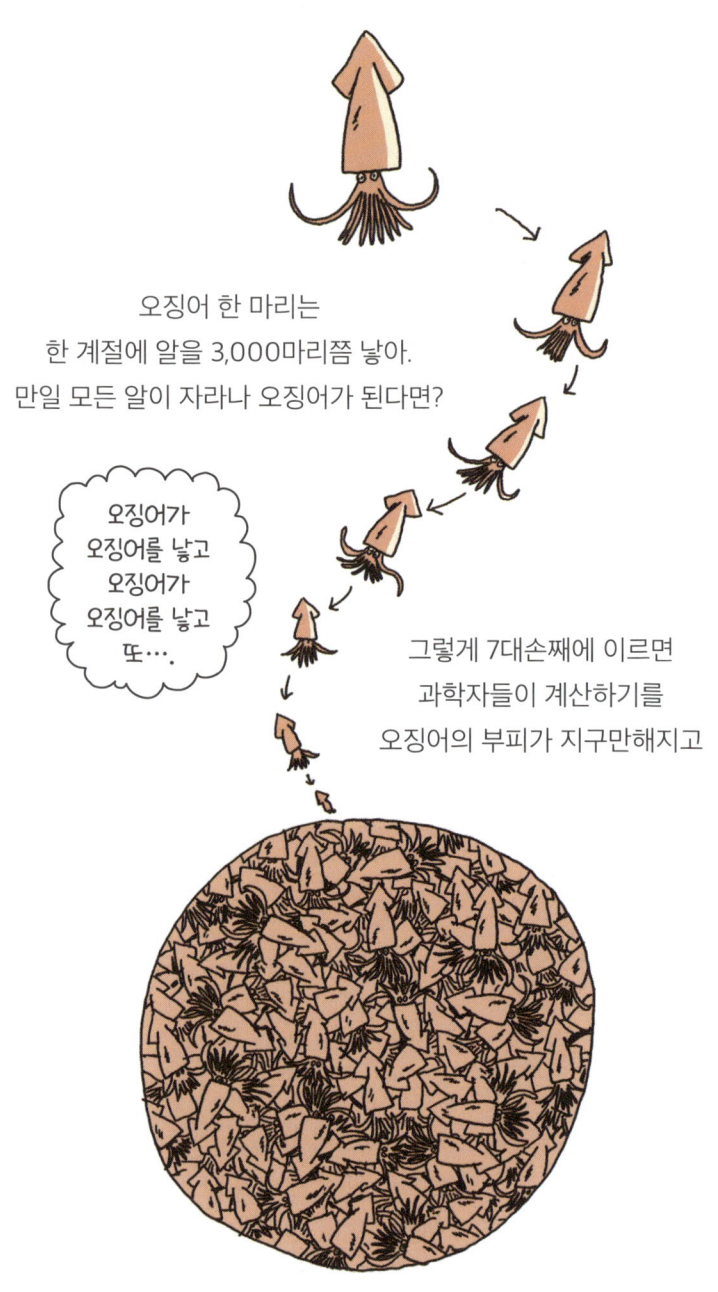

다윈은 계산을 잘하지 못했고
다윈의 시대에는 이런 데이터도 없었지만
맬서스의 《인구론》을 보는 순간 직감했어.

자연은 어마어마한 수의 알과 후손을 만들지만
경쟁을 통해 살아남는 수는 아주 적어.

다윈은 그걸
자연 선택이라 불렀어.

환경이 변할 때 어떤 생물이 살아남고
어떤 생물이 사라질지는 아무도 몰라.
다만 살아남은 생물이 후손을 남길 뿐이야.

다윈은 증거를 모으기 위해
사육사들과 농부들에게 도움을 청하고
가축과 꽃과 비둘기와
따개비와 지렁이 들을 연구하며 확신했어.
자연뿐 아니라 사람도 '선택'을 할 수 있는데
인류는 수천 년 동안 그런 일을 해 왔어.
소와 양, 개와 돼지, 꽃으로 말이야.

하지만 새로운 종이 어떻게 생겨나는지는
여전히 의문이었어.
오랜 관찰과 연구 끝에
다윈은 그런 일이 우연히 일어난다고 추측했어.
다윈은 몰랐지만,
오늘날 과학자들은 그걸
돌연변이라 불러.

자연 선택과 우연한 변화로
지구의 생물이 진화했어.

다윈은 중요한 원리를 깨달았지만
발표하지는 않았어.
자신의 이론이 사람들에게
엄청난 충격을 줄 걸 알았기 때문이야.

다윈은 묵묵히 증거를 모으고 또 모아
20여 년이 흘러서야 발표를 하게 돼.

《종의 기원》
뉴턴의 《프린키피아》와
나란히 과학의 역사에
가장 중요한 책이 될 운명

책이 출간되었을 때 사람들은

애덤 세즈윅
영국의 지질학자

맹렬하게 반대하며 다윈을 조롱했어.
'푸하하, 진화라고?
그렇다면 아마도 다윈의 할아버지는 원숭이겠군!'

하지만 오래지 않아 다윈은
뉴턴에 버금가는 유명 인사가 돼.

다윈의 《종의 기원》을 읽고
어떤 사람들은 무신론자가 되었고
어떤 사람들은 더욱 위대한 신을 느껴.
다윈은 어느 쪽이었을까?

《종의 기원》을 끝내며 다윈은 말했어.

"
생명에 대한 이런 견해에는
장엄함이 있다.
……
원래는 몇 안 되거나 하나의 형태로
생기가 불어넣어졌다.
……
이 행성이 중력이라는 확고한 법칙에 따라
회전하는 동안 그렇게 단순한 시작으로부터
가장 아름답고 놀라운 형태들이 끝없이 진화했으며
지금도 진화 중이다.
"

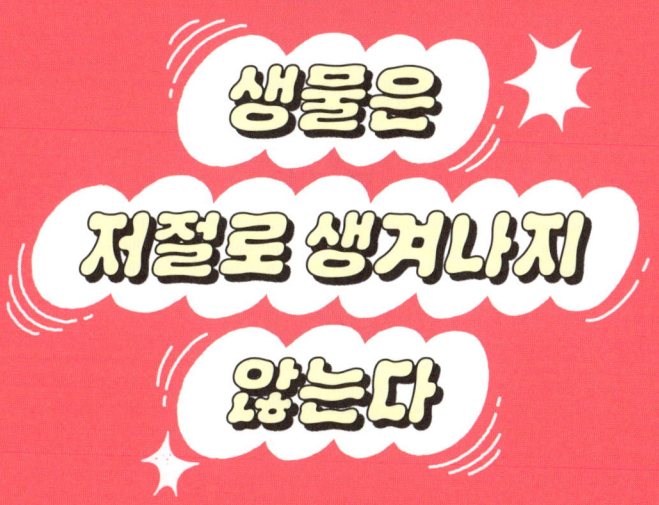

생물은 저절로 생겨나지 않는다

'생물은 어떻게 세상에 태어날까?'
이런 것도
과학의 질문이 될 수 있을까?

자식이 부모에게서 태어나는 건
너무나 당연한 일인데 말이야.

고양이는 고양이를 낳고

오리는 오리를 낳고.

하지만 옛날에는 당연한 일이 아니었어.
파리가 어떻게 생겨나는지도
알지 못했다니까.

알에서 구더기가 나온다는 것도
알지 못했으니….

그래도 어떤 사람들은
꼼꼼히 관찰하여 알아냈는데….

1500년대의 연금술사이자 과학자 헬몬트는
생쥐를 만드는 비법이 있다고 말했어.
그건 정말 효과가 있다면서
자기가 직접 실험까지 해 보았대.

사람들이 헬몬트를 따라해 보았지만….

사람들은
신이 창조한 인간과 웬만한 동물들은
부모에게서 태어나지만

벌레나 쥐같이 작고 단순하고
하찮아 보이는 것들은 더럽고 축축한 환경에서
저절로 태어난다고 믿었어.

옛날에 위대한 아리스토텔레스가
'자연 발생설'을 주장했는데

자연 발생설에 따르면

애벌레는 축축한 나뭇잎에서 　　　개구리는 늪에서

저절로 태어난다는 거야.
사람들은 자연 발생설을 2000년 동안 믿었어.

그런데 1668년,
이탈리아의 의사 프란체스코 레디가
자연 발생설을 의심하여

처음으로 실험을 하게 돼.
그건 생물학 역사 최초의
과학적인 실험이었는데,
유리병에 고기를 넣고

3~4일 동안 그대로 놓아두었어.

만약
구더기가 저절로 태어난다면
둘 다 구더기가 생겨야 해.
며칠 뒤,
레디는 두근두근하며 유리병을 들여다보았어.

레디의 예측이 맞아.
뚜껑을 열어 놓은 유리병에서는
구더기가 생겼지만
뚜껑을 닫아 놓은 유리병에서는
구더기가 생기지 않았어!
그래도 과학자들은 믿지 않았어.

그래서 이번에는
거즈로 항아리를 덮었어.
공기는 잘 통하지만
날파리 한 마리 들어가지 못하게!

과연, 구더기가 생기지 않았어!
레디는 확신했어.
고기가 들어 있는 유리병 속으로
파리가 들락날락거려야 구더기가 생겨.

레디의 실험이 놀랍고 멋있는 건
누구나 쉽게 할 수 있는 생각인데도

아무도 그럴 생각을 하지 못했다는 거야.
무려 2000년 동안!
상식과 전통의 상자 밖에서 생각하기는
결코 쉬운 일이 아니거든.

그런데 레디의 실험으로
생물이 저절로 태어난다는 생각이
완전히 사라졌을까?
안타깝게도 그렇지 않았어.

사람들이 그렇게 말한 이유는
레디의 실험에서도
기생충이 저절로 생겨났기 때문인데
그건 고기를 멸균하지 못한 탓이야.
그런데 당시에는 아무도 이유를 몰랐어.

그리하여 이 문제는 해결되지 못한 상태로
200년 동안 논쟁이 오갔는데
1861년,

파스퇴르는
아무리 작은 미생물도
저절로 생겨나지 않는다는 것을
실험으로 확실하게 보여 주었어.
바로 바로
이 간단한 도구 하나로 말이야.

파스퇴르가 만든 백조목 플라스크

너무 유명해서
교과서에 실리고
대학 입학 시험에
나옴

파스퇴르의 백조목 플라스크 실험은
과학의 역사에 길이 남는
위대한 실험이 되었어.
무슨 실험일까?

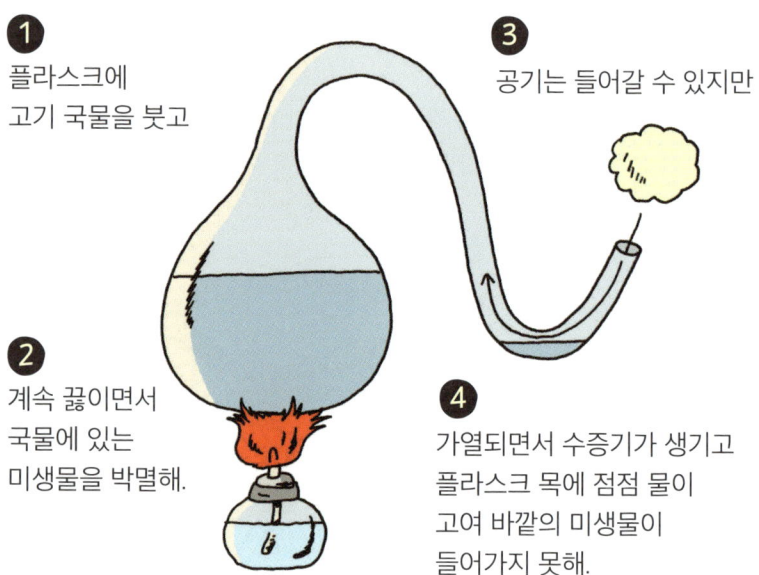

1 플라스크에 고기 국물을 붓고

2 계속 끓이면서 국물에 있는 미생물을 박멸해.

3 공기는 들어갈 수 있지만

4 가열되면서 수증기가 생기고 플라스크 목에 점점 물이 고여 바깥의 미생물이 들어가지 못해.

이렇게 고기 국물이 들어 있는
플라스크를 오래 두어도
아무것도 생기지 않는다는 거야!
하지만
백조목을 댕강 부러뜨리면

꼬물꼬물~

미생물이 들어가 우글우글 번식해!

공기 중의 미생물이 플라스크 안으로
들어가야만 미생물이 생겨!
이것으로 오래된
자연 발생설 논쟁은 끝이 나.

당연하게 보이는 이 단순한 사실이
실험으로 밝혀진 게
고작 164년 전의 일이라니!
프랑스 파리에 있는
파스퇴르 연구소 박물관에 가면
파스퇴르가 실험했던 백조목 플라스크가
지금도 그대로 보존되어 있어.

유전의 법칙을 발견한 수도사, 멘델

우리는 왜 엄마를 닮을까?
엄마는 왜 할머니를 닮고?

자식은 대대로
부모를 닮는데….

왜 그런 걸까?

1876년에
독일의 오스카 헤르트비히라는 과학자가
정자가 난자 속으로 들어가는 걸 발견했는데

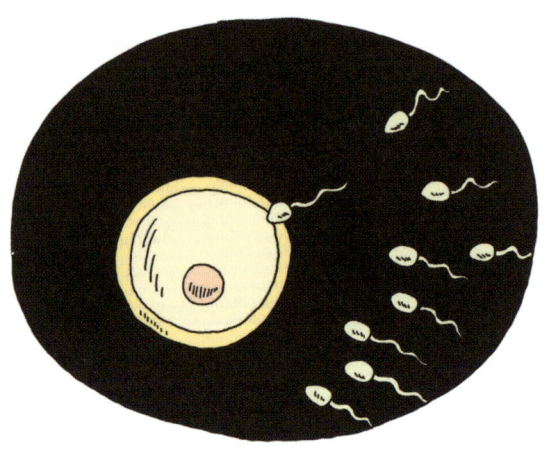

그것만으로는
아무것도 알 수 없었어.

자식이
부모를 닮는 이유도

형제자매들이
조금씩 다른 이유도
말이야.

자식이 부모를 닮는 이유에 대해
누군가는 이렇게 말했고

누군가는 이렇게 반박했어.

이런저런 주장들이 오갔지만
아무도 아무것도 증명할 수 없었어.

그런데 오스트리아의 어느 수도사가
바로 그 문제를 궁금하게 여겨
진지하게 실험을 했어.

그 계획을 계속 밀고 나갔다면
수도원이 쥐 천지가 되고 말았을걸.

다행히도 멘델은 생각을 바꾸었어.
쥐 대신 완두를 기르기로 했는데
완두를 택한 건 신의 한 수였어.
만약에 완두를 택하지 않았다면
실험은 성공하지 못했을 거야.

완두는 꽃과 줄기, 꼬투리,
콩의 특성이 분명하고
키우기 쉽고
자손을 많이 만드는
훌륭한 식물이야.

멘델은 7년 동안 완두를 재배해.
밭을 갈고 완두콩을 심고
때맞추어 물을 주고 잡초를 뽑고.

수도사님,
기도할 시간이에요.

주님, 용서하소서.
조금만 더….

오랫동안 완두를 재배하며
멘델은 완두의 특징을 분류할 수 있었어.

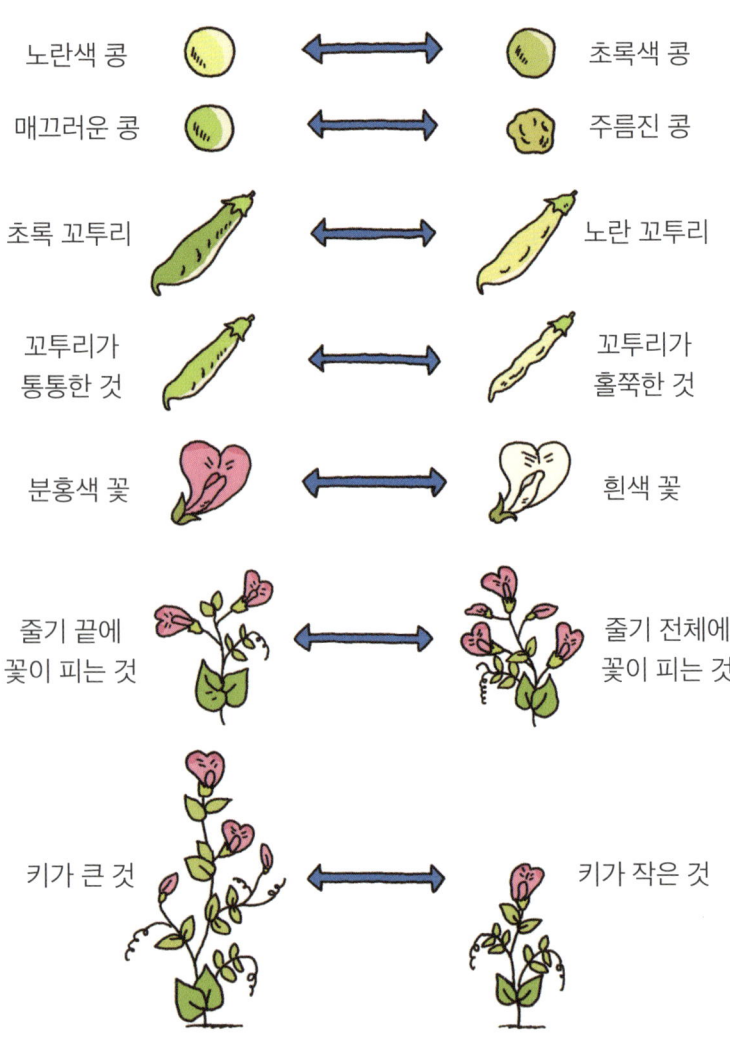

노란색 콩 ↔	초록색 콩
매끄러운 콩 ↔	주름진 콩
초록 꼬투리 ↔	노란 꼬투리
꼬투리가 통통한 것 ↔	꼬투리가 홀쭉한 것
분홍색 꽃 ↔	흰색 꽃
줄기 끝에 꽃이 피는 것 ↔	줄기 전체에 꽃이 피는 것
키가 큰 것 ↔	키가 작은 것

완두를 교배시켜
어떤 완두콩이 얼마만큼 나올지
멘델은 모두 기록할 셈이야.

그러려면 암꽃과 수꽃이 마음대로
꽃가루받이를 하게 내버려 두면 안 돼.
반드시 노란색 콩과 초록색 콩이,
매끄러운 콩과 주름진 콩이,
키가 큰 완두와 키가 작은 완두가
서로 짝짓기를 해야 해.

멘델은 손수 짝을 지어 주기로 해.

봄이 되면 멘델은
매일 아침 가위와 붓을 챙겨 밭으로 나가.
꽃봉오리를 열고
작업을 시작해.

수술을 잘라 낸 다음
다른 꽃의 꽃가루를 암술에 묻혀.

멘델은 여름에는 완두콩을 따고
가을과 겨울에는 완두콩을 분류했어.
7년 동안 완두 1만 그루를 심고
완두꽃 4만 개를
일일이 손으로 짝지어 주고
완두콩 30만 개를
종류대로 세고 분류했어.

멘델은 그때까지 어떤 생물학자도
하지 않은 일을 했는데
일일이 숫자를 세고
통계를 냈다는 거야.
이따금 손님이 찾아오면 이렇게 말하곤 했어.

멘델은 기나긴 연구를 끝내고
1865년, 마침내 연구 결과를 발표했는데

아무도 주목하지 않았어.
아무도 질문하지 않고 웅성거리지도 않았어.
사람들은 멘델이 숫자를 들먹이며
열심히 무언가를 설명했다는 것밖에 몰랐어.
하지만 바로 이날

 이라는

새로운 학문이 탄생했다는 말씀!
멘델은 한번도 유전이라는 말을 쓰지 않았지만
유전학의 아버지가 되었어.
멘델이 무얼 알아냈을까?
초록색 꼬투리 완두와
노란색 꼬투리 완두를 짝지었더니
초록색 꼬투리만 나왔어.

그 다음이 놀라운 생각인데
멘델은 1세대 자식으로 나온
초록색 꼬투리끼리 다시 짝을 지어 주었어.
그랬더니

앗! 노란색 꼬투리가 나와.
초록색 꼬투리 3개에 노란색 꼬투리 1개 꼴로!
어찌된 일일까.
멘델은 추측했어.

그게 자식 완두콩에게로
또 자식에게로
대대로 전해진다고 멘델은 확신했어.
그러니까 오늘날의 말로 하면

초록색 꼬투리 유전자와
노란색 꼬투리 유전자가 있다는 말씀!
자식 초록색 꼬투리 완두는
엄마가 물려준 초록색 꼬투리 유전자와
아빠가 물려준 노란색 꼬투리 유전자를
모두 가지고 있는데

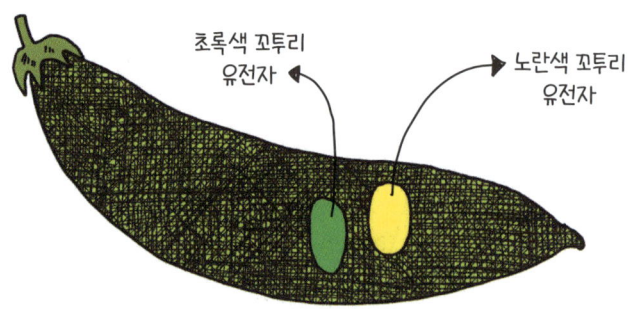

초록색 꼬투리 유전자가 우성이어서
초록색 꼬투리 완두가 태어난다는 거야.
하지만 열성 유전자는 사라진 게 아니야.
숨어 있다가 손자 세대에 반드시 나타나!

멘델은 자신의 실험을 과학자들이
제대로 평가해 주기 바라며
유명한 과학자들에게 논문을 보냈어.
우편물 속에 과학자들의 답장은 하나도 없었는데
딱 한 번 답장이 왔어.

멘델이 죽고 30년 뒤에
세 명의 과학자가 따로 따로
멘델의 논문을 발견했어.

그제야 과학자들은 이해했어.
멘델의 연구가
얼마나 획기적이고 중요한지 말이야.
과학자들은 이제 유전자의 정체가 무엇인지,
어디에 있는지 궁금해졌어.
그 뒤로 수십 년이 지나 마침내 밝혀져.

훗날에
과학자들이 유전자를 조사하며
놀라운 사실을 알아냈는데
이 이야기를 듣고 놀라지 않는 사람은 없을걸.
침팬지와 사람의 유전자가
98% 같다는 사실!

160여 년 전 다윈은
할아버지가 원숭이라는 조롱을 받았지만
사실 우리 모두는
침팬지와 유전자가 많이 같아!

외출했다 돌아오면 우리가 꼭 하는 일.

손 씻기가 필수인 건 세균 때문이야.
세균이 병을 일으키니 말이야.
그런데 과학자들이 어떻게 알았을까?
물론 처음에는 아무도 믿지 못했어.

150년 전만 해도 아무도 눈치채지 못했어.
눈에 보이지도 않는 작은 세균이
무서운 병을 일으킬 수 있다고는 말이야.

사람들이 질병에 걸리는 이유는

 굶주리거나

과식하거나

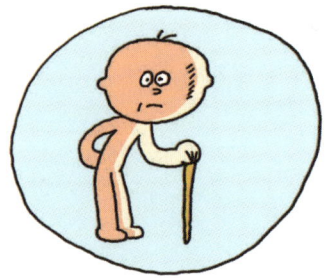 체질이 나쁘거나

더러운 냄새와 공기,

 악한 영의 저주 때문이라고
생각했을 뿐

살아 있는
작고,
시시한 무언가가
병을 일으킬 수 있다고는
꿈에도 생각하지 못했어.

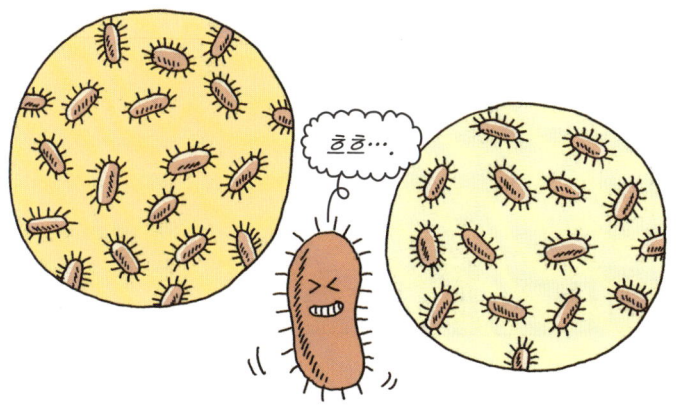

세균이 병을 일으키는 무서운 놈들이란 걸
맨 처음 눈치챈 사람은

생물이 저절로 생겨나지 않는다는 것을
실험으로 증명한
바로 그 루이 파스퇴르야.

파스퇴르가 눈에 보이지 않는 미생물에 대해
관심을 갖게 된 일이 있었으니….
1856년, 어느 포도주 농장 주인이
파스퇴르를 찾아와 도움을 청했어.

파스퇴르는 못쓰게 된 포도주와
잘 익은 포도주를 비교해 보았어.
현미경으로 들여다보니

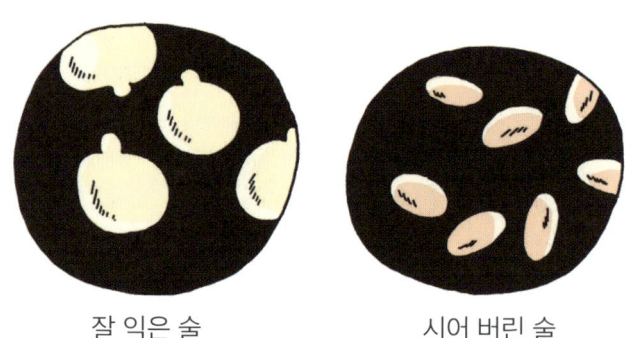

잘 익은 술   시어 버린 술

잘 익은 술에서는
꼬물꼬물 둥근 것들이 보였고
시어 버린 술에서는
꼬물꼬물 기다란 것들이 보였어.

사람들은 옛날부터 포도주를 만들 때
효모를 함께 통 속에 넣었는데

연노란색 또는 연갈색.
곰팡이의 친척으로
말려서 씀

오랜 전통을 따라 효모를 사용했는데
시간이 지나면
포도가 맛있는 포도주로 변하게 돼.

파스퇴르는 처음으로 효모를 관찰하여
그게 먹고 번식하고
움직인다는 걸 알게 돼.

그러니까 효모가 포도즙을 먹고
무언가를 분비하는데
그게 바로 알콜이었다는 말씀.

파스퇴르는
눈에 보이지 않는 작은 미생물이
희한한 마술을 부린다는 것을
처음으로 알아냈어.
그러자 걱정이 되었어.

아닌 게 아니라
또 다른 증거가 나타났어.
시골에서 많이들 기르는 누에에게 병이 생겼는데
수백만 마리가 한꺼번에 설사를 하며
죽어 버린 일이 발생했어.

파스테르는 현미경으로 관찰한 끝에
누에 설사병의 주범이 세균이라는 걸 알아냈어.

세균이 누에에게 병을 일으킨다면
사람은 과연 무사할까?

모두 비웃었지만
파스퇴르는 자기가 옳다고 믿었고
무슨 일을 해야 하는지 깨달았어.

그건 과학자의 호기심 때문만은 아니었어.
파스퇴르도 전염병으로 두 딸을 잃었고

수많은 사람이
전염병으로 죽어 갔기 때문이야.

한편으로
파스퇴르는 점점
괴팍한 사람이 되어 갔는데…

하루에도 몇십 번씩 손을 씻고

모든 식기를 소독하고

악수도 하지 않았어.

사람들은 아직
세균에 대해 잘 몰랐기 때문에
그런 파스퇴르를 이상하게 생각했어.

그러거나 말거나
파스퇴르의 머릿속에는 오로지

한 가지 생각뿐이었어.
파스퇴르는
닭 콜레라를 일으키는 세균을 찾고 있었는데
해마다 수천 마리 닭들이 닭 콜레라에 걸려

> 닭들이 고무공처럼 부풀어오르다가 잠에 빠져 덜컥 죽어 버리는 무서운 병

죽어 가고 있었어.

파스퇴르는 병에 걸린 닭의 피에
세균이 있을 거라 확신하며
병에 걸린 닭의 피를
건강한 닭에게 주사해 실험을 계속했어.

하루는 여행을 떠나며
조수에게 맡겼는데

조수가 여름휴가를 가는 바람에
그만 주사하는 일을
깜박 잊고 말았어.

파스퇴르가 실험실에 왔을 땐
며칠이 흐른 다음이었어.
생생하던 세균이 시들시들해져 버렸어.

그런데 며칠 뒤,
놀라운 일이 일어나는데…
닭 콜레라균이 들어갔는데도
닭들이 조금 아프다 말고 멀쩡해진 거야.

또다시 며칠 뒤,
더 놀라운 일이 일어났으니
그 닭들에게
병에 걸린 닭의 피를 주사했는데

닭들이 완전 멀쩡했어!

파스퇴르는 제너를 떠올렸어.
파스퇴르보다 100여 년 전에 영국의 시골 의사가

에드워드 제너

우두를 앓은 소의 고름을 사람에게 발라
천연두를 예방한 일이 있었어.
제너는 원리를 모르는 채로 그렇게 했지만
파스퇴르는 깨달았어.

닭의 몸속에 무슨 일인가 일어나
다음번에 생생한 세균이 쳐들어와도
이겨 낼 수 있다는 거야.
오늘날의 말로 하면
그걸 면역 반응이라 불러.

우리 몸에
세균이 침입하면

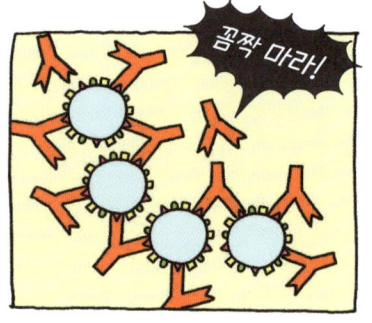

백혈구 세포가
항체라는 특별한 단백질을
만들어 세균을 옴짝달싹
못하게 해.

훗날 또다시 같은 세균이 쳐들어오면
세포가 기억하고 있다가
즉각 항체를 만들어 싸워.

세균을 이용해
세균을 막을 수 있어!

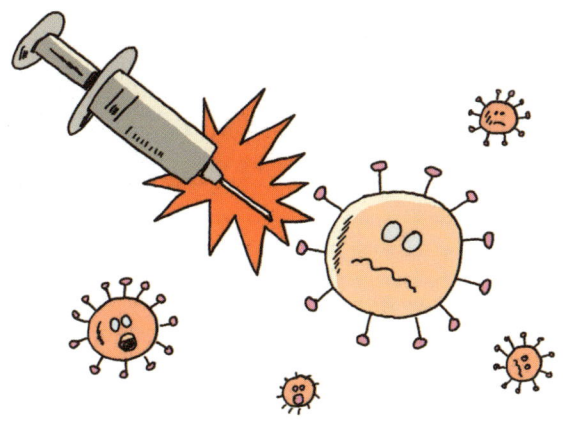

파스퇴르는 자신이
닭 콜레라를 예방하는 백신을
만들었다는 걸 알았어.

파스퇴르는 조심스러웠어.
사람들은 파스퇴르의 세균 이론을 의심하고 있었고
만약 사람에게 실험했다가 죽는다면?

그건 과학자로서
생명을 걸어야 하는 일이었어.
방법은 오직 하나!

사람과 동물이 같은 세균에 감염되는 병이 있다면….

다행히 그런 병이 있었어.
그건 광견병이었는데
광견병에 걸린 동물에게 물려서 감염이 되고
2년 안에 죽는 치명적인 병이야.

파스퇴르는 광견병을 막는 백신을
만들기로 마음먹어.
하지만
아무리 현미경을 들여다보아도
광견병 세균을 찾을 수 없었어.
파스퇴르는 현미경보다
세균이 병을 옮길 거라는 자신의 생각을 믿었어.

파스퇴르가 옳았어.
그건 세균이 아니라
세균보다 100배 작은 바이러스였거든.

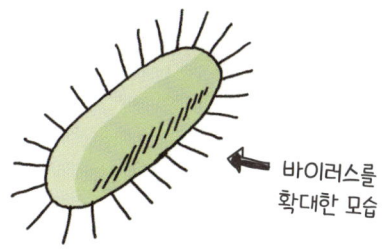

그 시대의 현미경으로는 결코
바이러스를 볼 수 없었으니
바이러스라는 것이 이 세상에 있다는 걸
아무도 몰랐을 때야.

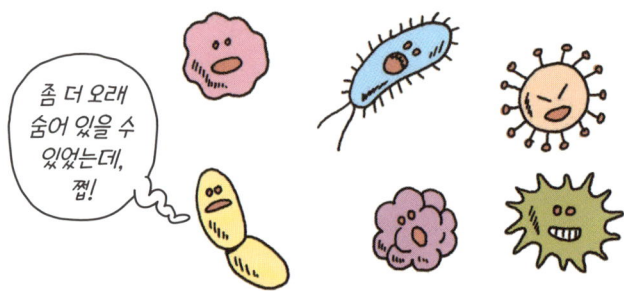

파스퇴르는 광견병을 옮기는 범인을
찾지 못했지만 백신을 만들기로 해.

파스퇴르는 광견병에 걸린 토끼의 척수로
백신을 만들어 동물들에게 실험해 보았어.

하지만 여전히
사람에게 써도 될지는 고민이었어.
그러던 어느 날
한 여인이 아이를 데리고 찾아왔어.
9세 아이가
광견병에 걸린 개에게 물렸다는 거야.

파스퇴르는 광견병 균으로
광견병을 막을 수 있으리라 기대하며
아이에게 주사를 놓았어.

아이는 광견병이 발병하지 않았어.
죽는 날까지 광견병에 걸리지도 않았어.
광견병 백신은 성공을 거두었고
죽을병에 걸린 소년을 살려 내자
파스퇴르는 엄청나게 유명해졌어.

사람들은 세균이 병을 일으키며
세균으로 병을 치료할 수 있다는
파스퇴르의 말을 그제야 믿게 되었어.

사람들의 기부가 잇따랐고
파스퇴르 연구소가 세워졌어.

파스퇴르 덕분에 인류는
비로소
전염병에 걸리지 않는 방법을 알게 되었어.
수많은 사람이
비참한 죽음을 피하게 된 거야.

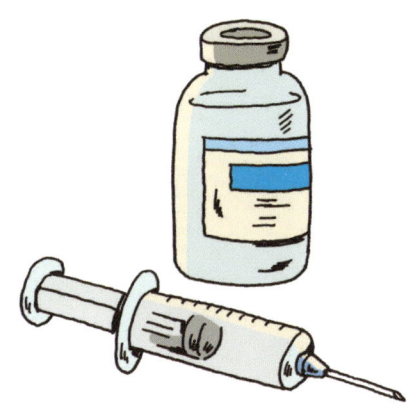

바로 바로
예방 접종 덕분에!

12

멘델레예프가 만든 원소의 왕국

1860년, 최초로 '그것'이 열린다는 소식이
과학자들 사이에 전해져.

그건 바로 최초의 국제 화학자 회의였는데
옛날 같으면 꿈도 꿀 수 없는 일이야.

턱도 없지.
하지만 이제 문제없어.
기차와 증기선이 발명되었거든.
과학자들이 먼 곳까지 여행을 할 수 있게 되었고

비로소
세계 곳곳의 과학자들이 한자리에서 만나
자신들의 연구를 이야기할 수 있게 된 거야.
바로 그 최초의 화학자 회의에
멀리 러시아에서 온
드미트리 멘델레예프라는 과학자가 있었어.

드미트리 멘델레예프

그로부터 10여 년 뒤, 멘델레예프는
훗날 엄청나게 유명하게 된
표 한 장을 발표하게 돼.

주기율표
자연의 비밀을 드러내는
위대한 원소 분류표

멘델레예프의 주기율표 덕분에
세상 만물을 이루는 원소의 왕국에
놀랍고도 아름다운 질서가 있다는 게
명명백백하게 드러나게 돼.

만약에 어떤 원소가
몇 번째 칸, 몇 번째 줄에 있다면….

어린 시절 멘델레예프는 공부를 잘하지 못했어.
하지만 어머니는 아들의 총명함을 알아보고
아들을 받아 줄 대학교를 알아보기 위해
러시아의 시골 마을을 떠나.

장장 2,200km에 이르는 여행 끝에
러시아 최고의 대학교를 찾아갔지만

거절을 당하고
다행히도 어느 사범 대학의
입학 허가를 받을 수 있었어

하지만 어머니는 힘든 여행으로
기력이 쇠한 나머지 죽고 말아.

멘델레예프는 어머니의 유언을 잊지 않았는데
한평생 그렇게 살았으니
어머니의 유언을 그대로 지킨 셈이야.
멘델레예프는 화학 교수가 되어

한탄을 하며
자신이 직접 교과서를 쓰기로 해.

그런데 원소에 대해 쓰려니
원소들이 너무 뒤죽박죽이더란 말씀.

몇몇 과학자들도
뒤죽박죽 원소들을
체계적으로 분류하고 싶어 했어.
그러다가 재밌는 사실을 알게 되었으니
원소들의 세상에도 가족이 있는 것 같다는 거야.

하지만
비슷한 성질의 원소 그룹 몇 개를 발견했을 뿐
전체 원소들을 아우르는 원리는
아무도 발견하지 못했어.
멘델레예프 역시
이 문제를 진지하게 생각하고 있었는데
바로 그 최초의 화학자 회의에서

이 문제에 대한 힌트를 얻게 돼.
그건 바로
원소의 무게는 모두 다르며
서로 무게를 비교할 수 있다는 거였어.

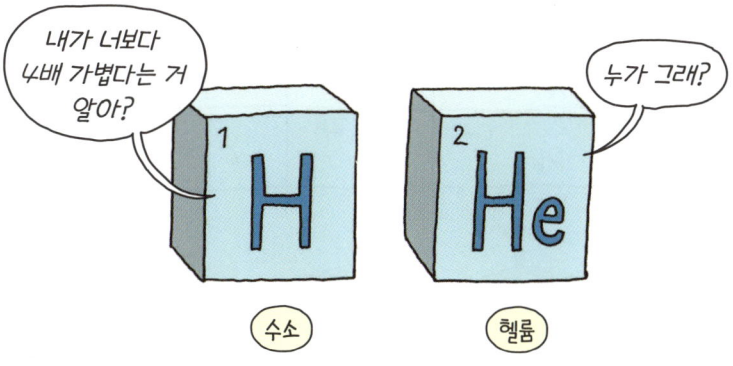

원소를 생각하며
꼴딱 밤을 새우던 어느 날,

멘델레예프는 원소의 무게에 따라
가벼운 것에서 무거운 순으로
정리하며
성질이 비슷한 것끼리 줄을 세웠어.

그때까지 알려진 원소는 모두 63개였는데
멘델레예프는 63개를 한눈에 볼 수 있는
표를 만들려 해.
멘델레예프는 혼자서 원소 카드놀이를 해.
카드마다 원소의 이름과 무게를 적고

카드를 바닥에 줄을 맞춰 가며 늘어놓고
이렇게 저렇게 옮기며
옳은 배열을 찾고 또 찾아.
친구들은 멘델레예프의 카드놀이를
'인내'라고 불렀어.

멘델레예프는 틈틈이
기차를 타고 장거리 여행을 할 때에도
원소 카드놀이를 했어.

하지만
올바른 체계를 알아내는 건 쉽지 않았어.
멘델레예프는 그동안 원소를 연구하는 데
온 열정을 바쳤고
원소마다 성질과 버릇도 잘 알고 있었지만

그럴 수밖에!
탐정을 골탕 먹이는 엉터리 증거들처럼
아직 성질을 모르는 원소들,
무게가 틀리게 알려진 원소들,
심지어는 아직 발견되지 않은 원소들마저 있었으니….

멘델레예프가 처음 고민했던 이래로
거의 20여 년이 흘렀어.

전해 오는 이야기에 따르면…
1869년 ×월 ×일 멘델레예프는
그때까지 알려진 모든 원소가
거대한 표 안에 정리되는 꿈을 꾸게 돼.

아침에 일어나자마자

머리를 쥐어뜯으며
꿈에서 본 내용을 공책에 적었어.
마침내 커다란 표가 완성되었는데….
그런데 표에 어떤 원소도 들어가지 않은
빈칸들이 있는 거야.

멘델레예프는 자신의 표를 믿었어.
그리고 과감하게
확신에 차서 말했어.

멘델레예프는
발견되지도 않은 그 원소의 성질을 예측하고

심지어 에카 알루미늄이라고
이름까지 지어 두었어.
알루미늄 아래 칸에 있다고 말이야.

1869년, 멘델레예프는 마침내
자신의 원소 표를 발표해.

아무도 관심을 가지지 않거나
비웃을 뿐이었어.
그런데 몇 년 뒤,
프랑스의 과학자가 찾아냈어!

결국
멘델레예프가 옳은 것으로 밝혀져.
그 원소는 멘델레예프가 지어 준 이름 대신
프랑스의 옛 이름을 따
갈륨이라고 불리게 돼.

← 갈륨
반도체와
태양 전지에 쓰임

멘델레예프가
빈칸으로 남겨 놓았던 원소들은 훗날
예언 그대로 모두 발견되었는데

심지어 테크네튬이라는 원소는 너무 희귀해서
1937년, 멘델레예프가 죽고
30년쯤 뒤에야 존재가 알려졌어.

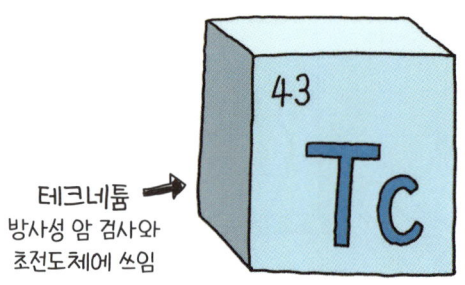

1901년에 노벨상이 제정되었는데
마땅히 상을 받아야 할 멘델레예프는
웬일인지 제외되었어.

다행히도 과학자들은
1963년에 새로운 원소를 발견하고
멘델레예프를 기려
이름을 지어 주었어.
멘델레븀!

원소 주기율표를 발표한 지 100여 년이 지나서
멘델레예프는 주기율표에
자신의 이름을 남기게 되었어.
지금까지 알려진 118개 원소의 이름에
자신의 이름을 남긴 과학자는
겨우 16명뿐인데
멘델레븀의 원자 번호는 101번.
아인슈타이늄과 코페르니슘과 가까운 자리에 있어.

훗날 원자의 구조가 밝혀지고
멘델레예프의 주기율표는 더욱 빛을 발하게 돼.
더 깊은 비밀을 모르는 채로도
멘델레예프는 원소들의 왕국을 올바로 정리하고
화학의 체계를 세웠어.

멘델레예프의 원소 주기율표는
조금 보완되어 지금까지 이어져 오고 있어.
과학을 공부하는 사람들의 마음을
경탄하게 만들어.

위대한 발견의 시대가 오고 있어!

참고 도서

올리버 색스 지음, 이은선 옮김, 《엉클 텅스텐》, 바다출판사, 2004

제이콥 브로노우스키 지음, 김은국·김현숙 옮김, 《인간 등정의 발자취》, 바다출판사, 2004

데이비드 보더니스 지음, 김명남 옮김, 《일렉트릭 유니버스》, 생각의 나무, 2005

피터 앳킨스 지음, 김동광 옮김, 《원소의 왕국》, 사이언스북스, 2005

에릭 뉴트 지음, 이민용 옮김, 《쉽고 재미있는 과학의 역사》, 이끌리오, 2007

조지 존슨 지음, 김정은 옮김, 《세상의 비밀을 밝힌 위대한 실험》, 에코의서재, 2009

존 헨리 지음, 노태복 옮김, 《서양과학사상사》, 책과함께, 2013

정갑수 지음, 《호모 사이언티피쿠스》, 열린과학, 2017

레오나르드 믈로디노프, 조현욱 옮김, 《호모 사피엔스와 과학적 사고의 역사》, 까치, 2017

존 그리빈 지음, 권루시안 옮김, 《과학을 만든 사람들》, 진선북스, 2021

장홍제 지음, 《화학 연대기》, EBS BOOKS, 2021

팀 제임스 지음, 김주희 옮김, 《원소 이야기》, 한빛비즈, 2022

윌리엄 바이넘 지음, 고유경 옮김, 《과학의 역사》, 소소의책, 2023

과학사를 알면 과학이 재밌어!

과학의 발전과 함께 하나둘 호기심이 풀려 가는 과정, 그 역사를 살펴보는 **어린이 과학사**입니다.

- ❶ **과학자의 탄생** 석기 시대-1599년
- ❷ **실험과 증명** 1600년-1799년
- ❸ **발명의 시대** 1800년-1879년
- ❹ **위대한 발견** 1880년-1949년 (발간 예정)
- ❺ **미지의 세계** 1950년-현재 (발간 예정)

김성화·권수진 지음 × 조승연 그림